FREDERIC LAGRANGE

AL-TARAB

DIE MUSIK ÄGYPTENS

FREDERIC LAGRANGE

AL-TARAB

DIE MUSIK ÄGYPTENS

VORWORT VON
RABIH ABOU-KHALIL

AUS DEM FRANZÖSISCHEN
VON MAXIMILIEN VOGEL

P A L M Y R A

Die Originalausgabe erschien 1998 unter dem Titel
Musiques d'Egypte bei Cité de la Musique/Actes Sud.

Für die deutschsprachige Ausgabe wurde das
französische Original aktualisiert.

Der Palmyra Verlag dankt folgenden Personen und
Einrichtungen für ihre Mithilfe und Unterstützung
bei der Herstellung dieses Buches:
Rabih Abou-Khalil für das Vorwort, Reiner Jordan vom
Plattenladen Canzone in Berlin sowie dem IMAX-Filmtheater Speyer für das Sphinx-Motiv auf der Buchrückseite.

Die Deutsche Bibliothek – CIP-Einheitsaufnahme

Ein Titeldatensatz für diese Publikation ist bei
Der Deutschen Bibliothek erhältlich

Telefon 06221/165409, Telefax 06221/167310
e-mail: palmyra-verlag@t-online.de
www.palmyra-verlag.de

Lektorat: Kathrin Razum
Umschlaggestaltung: Georg Stein und Michael Grub
Umschlagfoto: Werner Gartung
Satz: Christoph Morlok
Druck und Bindung: Wiener Verlag, Himberg
Printed in Austria
ISBN 3-930378-31-0

INHALT

Das Mekka der arabischen Musik
Vorwort von Rabih Abou-Khalil
7

Einleitung
11

1. Kapitel
Die traditionelle ländliche Musik
15

2. Kapitel
Religiöse Musik und Gesänge
39

3. Kapitel
Die klassische arabische Musik
von der Nahda bis heute
59

4. Kapitel
Vom Kunstgesang zum Lied
102

Anhang:
Die Modi und Rhythmen der
ägyptischen Musik
143

Glossar
155

Transkriptionshinweis
Plural- und Singularformen
der arabischen Wörter
161

Erläuterungen zu den Musikbeispielen
163

Diskographie
169

Bibliographie
174

Bildlegenden
180

Bildnachweis
181

Register
182

DAS MEKKA DER ARABISCHEN MUSIK

VORWORT VON RABIH ABOU-KHALIL

Als mir die Bitte zugetragen wurde, ich möge doch zu diesem Buch ein Vorwort schreiben, war meine erste Reaktion eine gewisse Zurückhaltung: Warum sollte ein in Deutschland lebender libanesischer Musiker ein Vorwort schreiben zu einem Buch über ägyptische Musik? Bei näherem Hinsehen ergeben sich jedoch einige Parallelen zwischen der Geschichte des Libanon und der Ägyptens. Beide Länder haben eine bewegte Kulturgeschichte, die unter anderem davon geprägt war, daß ständig wechselnde fremde Besatzungsmächte ihre Kulturen mitgebracht und immer wieder neue Impulse gegeben haben. Beide Länder erlebten Besatzungen durch Phönizier, Griechen, Römer, Araber und zuletzt Europäer. Kairo wie auch Beirut haben Musiker, Sänger und Komponisten hervorgebracht, die in der gesamten arabischen Welt stilprägend waren. Namen wie Umm Kulthum, Fairuz, Muhammad Abd al-Wahhab, Wadi al-Safi und viele andere haben von Syrien bis Libyen, von Saudi-Arabien bis Marokko einen bedeutenden Klang.

Ägypten hat schon immer eine Sonderstellung in der arabischen Welt genossen. Als afrikanischer Staat an der Grenze zu Asien, der politisch wie auch kulturell seit Jahrtausenden unterschiedlichste Kulturen beherbergt und genährt hat, ist Ägypten bis heute ein Vorreiter musikalischer Bewegungen geblieben. Seine Stellung innerhalb Arabiens könnte man mit der New Yorks in der westlichen Welt vergleichen. Hier fanden im 20. Jahrhundert die musikalischen und politischen Schlüsselerlebnisse statt, die maßgeblich die Entwicklung der modernen arabischen Musik bestimmt haben.

Wie allen Völkern dieser Welt werden auch den Ägyptern von ihren Nachbarn Eigenschaften zugeschrieben, die mehr oder minder zutreffen, zumindest aber einen wahren Kern beinhalten. Das ägyptische Volk liebt die Muße und die Musik – beides komplementäre Eigenschaften –, und nichts ist ihm mehr zuwider als Hektik und Unruhe. In den dreißiger und vierziger Jahren herrschte am Hof König Faruks ein Kunstleben und -treiben wie an den europäischen Höfen des 18. und 19. Jahrhunderts. Aus der gesamten arabischen Welt, allen voran aus dem Libanon und Syrien, kamen Sänger und Instrumentalisten nach Kairo, um am glanzvollen Musikleben teilzunehmen.

Auch die ländlichen Gebiete Ägyptens boten ein reichhaltiges Reservoir an Musikern, die es nach Kairo zog und die ihre eigene ländliche Musik in die Klänge der Großstadt integrierten. Es waren einfache Menschen, die, vom Glanze Kairos geblendet, der dort herrschenden Dekadenz eine leichte Beute waren. Was auf den ersten Blick eher negativ aufzufassen wäre, hat sich jedoch auf die Musikgestaltung positiv ausgewirkt. Es sind ja immer die mondänen und sinnlichen Dinge, die letztendlich die kreativen Gefühle eines Musikers beflügeln.

Religiöse und profane Musik waren in der islamischen Welt nicht so streng getrennt wie anderswo. Viele der großen arabischen Sänger und Komponisten erhielten eine profunde Ausbildung in der Koranrezitation, bevor sie sich schließlich der weltlichen Musik zuwandten. Solch eine Ausbildung war natürlich maßgeblich für die in der arabischen Welt so geschätzte Sprachgewandtheit und eine Voraussetzung für eine grenzüberschreitende Popularität.

Einer der größten arabischen Sänger und Komponisten, Sayyid Darwish, ging auch aus diesem Hintergrund hervor. Darwish übernahm Elemente und Formen der westlichen Musik und integrierte sie so geschickt in überlieferte arabische Stile, daß sie eine organische Einheit bildeten. Seine Musik zeigte Wirkung weit über die Grenzen Ägyptens hinaus und war Vorbild für viele nachfolgende Komponisten.

Als 1952 Gamal Abdel Nasser seinen Staatsstreich gegen den König durchführte, war die ägyptische Musik auf dem Höhepunkt. Im Gegensatz zu vielen anderen autokratischen Staatssystemen wirkte sich der von Nasser propagierte Panarabismus auf die ägyptische Musik vitalisierend aus. Wie ein Lauffeuer verbreitete sich die Idee eines einzigen großen arabischen Staates bis in den Libanon und nach Marokko, und sie nahm die ägyptische Musik mit sich. Der ägyptische Dialekt war überall gern gehört. Ägyptische Filme waren der Renner, ägyptische Dichter eroberten die Herzen, und ägyptische Musik, ob Folklore oder Kunstmusik, erreichte eine Popularität, die Kairos Ruf als Musikzentrum Arabiens nun endgültig festigte.

Umm Kulthum, die größte arabische Sängerin aller Zeiten, sang patriotische und politische Lieder mit ebenso großem Erfolg wie Liebeslieder und religiöse Gesänge. Mit ihrer großen Popularität verhalf sie den Komponisten ihrer Zeit wie Riyad al-Sunbati und Zakariyya Ahmad zu großem Ruhm und legitimierte jede musikalische Erneuerung. Eine andere Komponistenelite, zu der vor allem Muhammad Abd al-Wahhab und Baligh Hamdi gehörten, übernahm zusehends in ihren Kompositionen westliche Stilelemente und setzte sie in einer naiv-verspielten Art effektvoll ein.

Nach dem Tod von Umm Kulthum im Jahre 1975 blieb Kairo immer noch eine Hauptquelle der neuen arabischen

Popmusik. Alles, was aus Kairo kam, hatte das gewisse Etwas, und was in Kairo selbst Akzeptanz fand, war schon so gut wie legitimiert. Die Hauptstadt Ägyptens ist auch heute noch das Mekka der arabischen Musik – das, was New York in Sachen Jazz ist.

Beirut, August 2000

EINLEITUNG

Das 55 Millionen Einwohner zählende Ägypten, das Umm Kulthum nach einem Vers von Hafiz Ibrahim (1872-1932) als »die glorreiche Krone des Orients« besang, hat während des 20. Jahrhunderts eine kulturelle Vorherrschaft ausgeübt, deren Einfluß – so die bekanntgewordene Formel Nassers – vom Persischen Golf bis zum Atlantik reichte. Reformislam und geistliche Reaktion, Pharaonismus und Panarabismus – die unterschiedlichsten und gegensätzlichsten Ideologien entstanden an den Ufern des Nils und breiteten sich über die gesamte arabisch-muslimische Welt aus; zugleich beruhte die geistige Ausstrahlung des Landes auch auf seiner Literatur, seinen Theaterstücken, seinen Filmen und natürlich auf seiner Musik. Letztere ist nach wie vor eine der sichersten Grundlagen für die kulturelle Vormachtstellung Ägyptens. Die Anziehungskraft der ägyptischen Musiktraditionen ist älter als die Medien, die eine ohnehin gegebene Vorherrschaft nur verstärkten: Daß die zu Beginn des Jahrhunderts modernsten Kompositionen im Kairoer Stil auf das syrisch-libanesische und das maghrebinische Repertoire abgefärbt hatten, wird offensichtlich, wenn man die ersten Kataloge liest, in denen Schallplatten aus Nordafrika und dem östlichen Mittelmeerraum vorgestellt werden – und selbstverständlich tagte 1932 der erste Kongreß für arabische Musik in Kairo.

Im ersten Drittel des 20. Jahrhunderts versuchten die Intellektuellen und Künstler, eine moderne arabische Kultur zu definieren. Zu einer Zeit, als die Khediven noch davon träumten, den imperialen Westen einzuholen, und dieser alte Traum noch nicht an der Trägheit der Mentalitäten gescheitert war, wollte man, daß die Musik zu den glänzendsten Ausdrucksformen dieser modernen Kultur gehörte. Der Kunstgesang und später dann eine Mischform aus diesem Stil und dem, was man bei uns »Unterhaltungsmusik« nennt, breiteten sich in allen Gesellschaftsschichten aus, und ihre Beliebtheit reichte vom Said (Oberägypten) bis zu den entlegenen Regionen des Nildeltas und über die Landesgrenzen hinaus. Das Lied ist ein kulturelles Produkt, das wie kein anderes in allen Kreisen der Gesellschaft beliebt ist, ein Produkt, auf das alle Zugriff haben und das ganz unmittelbar konsumiert werden kann. Die Metaphern aus der Geschäftswelt sind hier mit Bedacht gewählt, denn die ägyptische Musik war nicht nur das Werk von Künstlern, sondern auch ein florierender Markt. Sie war ebenso Sache der Mäzene, Händler und Kunden wie Sache der Musiker.

Ägypten ist ein Schmelztiegel verschiedener Traditionen, und das 20. Jahrhundert war eine experimentierfreudige Zeit. Eine Entwicklungsphase, in der in Ägypten Einflüsse aus dem eigenen Kulturkreis verarbeitet wurden, reichte bis zum Ersten Weltkrieg; damals entstand eine Hofmusik, die vom religiösen Gesang, von den volkstümlichen Rhythmen und Tänzen sowie von der arabischen, der türkischen und der persischen Tradition geprägt war. Etwas später ließen sich einige Berufsmusiker, die den Schutz der neuentstandenen Schallplattenindustrie wie auch den der Intellektuellen genossen, von der allgemeinen Fortschrittsbegeisterung anstecken und wollten die arabische Kunstmusik erneuern, indem sie Einflüsse von außen aufnahmen. Einerseits gab es den einfachen Weg einer anspruchslosen, rein kommerziellen Musikproduktion, andererseits erwartete die Elite neue Ausdrucksformen, und so entwickelten die ägyptischen Musiker eine Fülle neuer Musikformen, die von der unbeschwertesten Unterhaltung bis zu einer nur für die Nachwelt bestimmten Kunst reichten. Die Erfinder und Interpreten dieser

Formen stammten allesamt aus einem kleinen Kreis von Komponisten, Instrumentalisten und Sängern, deren Namen auch heute noch nichts von ihrem Glanz verloren haben.

Diese Musikformen zwischen Kunst- und Unterhaltungsmusik, die sich so bedenkenlos als *die* arabische Musik ausgeben, umfassen allerdings nur einen Teil des enorm breitgefächerten Repertoires dieses Landes. Der Begriff »ägyptische Musik« hatte im Laufe des 20. Jahrhunderts immer einen starken ideologischen Einschlag. Bis in die dreißiger Jahre galt die Kunstmusik als »orientalisch«, ein Bekenntnis zur osmanischen Tradition, der man viel verdankte. Der Kairoer Kongreß von 1932 bot dann zum erstenmal die Gelegenheit, die Musikrichtungen aus verschiedenen arabischen Ländern miteinander zu vergleichen. Die Ägypter, die damals versuchten, ihre Identität und ihre kulturelle Eigenart im arabisch-muslimischen Kontext zu bestimmen, nahmen den neuen Begriff der »arabischen Musik« in Beschlag und stellten Merkmale als universell hin, die nur ihr eigenes Erbe kennzeichneten. Die Revolution von 1952 nannte einen Teil der Kunstmusik »ägyptisch« und mehrte das Prestige des Landes ungemein, indem sie die Verbreitung der »modernistischen« Musik von einem Ende der arabischen Welt zum anderen vorantrieb. Doch wichtige Aspekte der ägyptischen Musikkultur, insbesondere die ländlichen Traditionen, blieben davon unberührt.

Dieses Buch will die gesellschaftlichen, geographischen und historischen Varianten der ägyptischen Musik von der Wende zum 20. Jahrhundert bis in unsere Zeit vorstellen und geht dabei auch auf die Gesangstexte und deren Verhältnis zur Musik ein. Ländliche Traditionen, religiöse Gesänge, Kunstmusik und Schlager tragen allesamt zur Vielfalt der ägyptischen Musiklandschaft bei: In ihrer Gesamtheit und ihrer wechselseitigen Beeinflussung bilden sie »die Musik Ägyptens«, durch die die Seele dieses

Volkes immer wieder über die eigenen Landesgrenzen hinausgetragen wird.

1. Kapitel

DIE TRADITIONELLE LÄNDLICHE MUSIK

Die Quellen dessen, was man in Ägypten *musiqa* nennt, sind das geistliche und volkstümliche Repertoire: Aus ihnen bezieht die *musiqa* ihre Rhythmen, Melodieformeln und Werte, in ihnen sind die Musiker zu Hause.

Doch die Quellen selbst – die Koranrezitation, die religiösen Hymnen und sämtliche Formen der volkstümlichen Musik – gehören nicht alle zum Bereich der *musiqa*. Sowohl für die Vortragenden als auch für das Publikum fällt die Koranrezitation nicht unter die Kategorie »Musik«, und Bridget Connelly weist in ihrem Buch über ägyptische Volksepen darauf hin, daß die Ägypter es ablehnen, die »Dichter« der Hilal-Epen als Musiker oder Sänger zu betrachten. Diese Dichter, so heißt es, »sprechen« ihre Verse. Alle von der griechischen Wurzel des arabischen Ausdrucks *musiqa* abstammenden Wörter beziehen sich traditionsgemäß auf eine Form der gehobenen Unterhaltung oder Kunstmusik, die einzig dem ästhetischen Genuß (*tarab*) dient. Musikalische Ausdrucksformen mit einer bestimmten religiösen oder sozialen Funktion werden entweder durch einen spezifischen Fachbegriff bezeichnet oder gehören, wie etwa die volkstümlichen Lieder, zum *maghna baladi*, zum ländlichen Gesang. Das Wort *baladi* (örtlich, ländlich), das die Städter manchmal mit einem etwas herablassenden Unterton gebrauchen, wenn von der »unterentwickelten« Landbevölkerung die Rede ist, war zu Beginn des Jahrhunderts der einzige Begriff, unter dem sich die folkloristische Musik global zusammenfassen ließ, und so findet man ihn auch in den damaligen Katalogen der Plattenfirmen, die dem neugierigen städtischen Publikum seltene Aufnahmen eines Repertoires vorstellten, das in den Dörfern noch zu hören war. In den Berichten des Kairoer Kongresses von 1932 tauchte dann, unter dem Einfluß westlicher Musikethnologen, der Begriff *aghani shabiyya* (volkstümliche Lieder) auf. Heute sind die arabischen Wörter für »volkstümliche Musik« und »Folklore« durchaus gebräuchlich, aber die entsprechenden Musikstile weichen mehr und mehr der von den Medien verbreiteten Unterhaltungsmusik.

Dennoch sterben diese Stile langsamer aus, als die Kongreßteilnehmer von 1932 – Hans Hickmann (1958) oder Tiberiu Alexandru und Emile Wahba (1967), die ersten, die von der ägyptischen Volksmusik wissenschaftliche Aufnahmen machten – befürchtet hatten. Einige Instrumente haben sich zwar seither weiterentwickelt, und es ist zu einem regeren Austausch zwischen Volks- und Unterhaltungsmusik gekommen. Aber die *mizmar*-Spieler der Jahre 1910-1920 (*mizmar* heißt die Oboe in der Volksmusik) spielten ja schließlich auch Grammophonplatten ein, auf denen *baladi*-Fassungen der instrumentalen ägyptisch-osmanischen Kunstmusik zu hören waren. Die grundlegenden Stile, auf denen die traditionelle ägyptische Folklore aufbaut, werden noch immer gepflegt und zugleich ständig neu entdeckt – von Forschern aus dem Westen, aber auch von ägyptischen Intellektuellen, die eifersüchtig über ihr kulturelles Erbe wachen (erwähnt sei die hervorragende Arbeit des Dichters Abd al-Rahman al-Abnudi in der Sammlung der Hilal-Epen), und von staatlichen Institutionen, denen bewußt wurde, daß man die volkstümliche Kunst erhalten muß.

Das pharaonische Erbe

Die Frage, ob und inwiefern die moderne ägyptische Volksmusik mit der Musik der Pharaonenzeit zusammenhängt, hat die Forscher immer wieder beschäftigt. Curt Sachs, der deutsche Wegbereiter der vergleichenden Musikwissenschaft, stellte in den dreißiger Jahren die plausible These auf, daß die Musik der Pharaonenzeit pentatonisch gegliedert war. Die Pentatonik der gespielten und gesungenen Melodien aus Nubien und dem Nordsudan sowie die Entdeckung der Bräuche der Bicharin stützten die Annahme, im Süden des Landes habe eine untergegangene afrikanische Kultur ihre Spuren hinterlassen, während im Nildelta und in Mittelägypten die typischen Kleinsttonschritte der mittelorientalischen Tradition die alten Fünftonskalen verdrängt hätten. So sieht man zum Beispiel, daß der Melodie im *namim* und im *marbu* (Liedgattungen aus der Gegend um Assuan) eine pentatonische Struktur zugrunde liegt, der man weiter nördlich nicht begegnet (vergleiche CD, Stück 1). Verblüffend waren in den Augen der Völkerkundler auch die Ähnlichkeiten zwischen den Instrumenten auf den antiken Darstellungen und denjenigen des modernen ländlichen Repertoires: Alexandru (1967) stellte fest, daß die *qithar* bzw. *tanbura*, eine fünfsaitige Leier aus der Gegend um Assuan, im Said pentatonisch gestimmt war, und betrachtete sie als ein Nachfolgeinstrument der Leier auf den pharaonischen Reliefs. Bemerkenswerterweise fiel das Interesse der Ägypter für die Musik ihrer Vorfahren in die Hochzeit des Pharaonismus, jener Bewegung, die die Verbindung zwischen dem Volk der Pyramidenbauer und den heutigen Fellachen wieder in den Vordergrund stellte, die die ägyptische Kultur nicht auf ihren arabisch-islamischen Aspekt beschränkt sehen wollte und versuchte, sie wieder in einen umfassenderen mediterranen und hellenistischen Kontext einzubetten. Ab 1935 veröffentlichte der Musikgelehrte Mahmud

Ahmad al-Hifni in seiner ersten Zeitschrift *Al-musiqa* eine Reihe von Aufsätzen zur altägyptischen Musik, auf die 1936 eine Buchpublikation folgte. Mit seinem Projekt wollte er den althergebrachten Begriff »orientalische Musik« durch die Idee einer ägyptischen Nationalmusik ersetzen, die als Erbin zahlreicher historischer Einflüsse verstanden wurde, und ganz gleich, ob es sich dabei um wirkliche oder um eingebildete Einflüsse handelte, man nahm sie allemal bewußt für sich in Anspruch.

In seinem 1958 erschienen *Rapport préliminaire sur les traces de l'art musical pharaonique dans la mélopée de la vallée du Nil* [Vorbericht über die Spuren der pharaonischen Musik in der Gesangskunst des Niltals] suchte Hans Hickmann nach weiteren Beweisen für eine musikalische Kontinuität. Seine Darstellung beruht hauptsächlich auf der »variationsreichen und kunstvollen, eher rhythmischen als metrischen« Verbindung von Händeklatschen und Fußstampfen, das er in Nubien und Oberägypten hatte beobachten können und das ihm noch von den altägyptischen Rhythmuskünstlern herzurühren schien. Er stellte außerdem fest, daß eine moderne Form des Sistrums, der heiligen Rassel der altägyptischen Priester, in verschiedenen Zeremonien der äthiopischen Kirche erhalten geblieben war, während das Instrument in der koptischen Liturgie durch Becken und Triangel (*naqus*) verdrängt worden war. Aus den altägyptischen Zimbeln, zwei dünnen Bronzeplatten mit einem Loch in der Mitte, sind wohl die von den heutigen Tänzerinnen benutzten Fingerzimbeln, die *sagat*, hervorgegangen, und die Rahmentrommel wurde schon in den kleinen Frauenorchestern des Neuen Reiches eingesetzt. Die Doppelschalmei, die schon für die fünfte Dynastie belegt ist, sieht genauso aus wie die moderne *zummara*, und der Klang ist vermutlich ähnlich. Doppeloboe und Harfe hingegen haben sich nicht gehalten. All diese Übereinstimmungen sind allerdings noch keine zwingenden Beweise für eine direkte Verwandtschaft zwischen der altägyptischen Kunst und der heute im Niltal gespielten Volksmusik. Verblüffender als das Fortbestehen der Instrumente ist vielleicht die Beständigkeit der in den Liedern besungenen Themen: So erwähnt Hickmann, daß ein Folklore-Ensemble aus Asyut ein »Märchen von Katze und Maus« vortrug, das Punkt für Punkt mit einer pharaonischen Tierfabel übereinstimmte. Doch sind es wohl eher die Trauergesänge der Klageweiber, in denen die Vergangenheit nachhallt, erinnern vor allem die Initiationsmärsche der Hymnensänger, der *maddahin*, die von den Heiligengräbern zu den gesegneten, klosterähnlichen *zawaya* ziehen, an die Prozessionen von einem Heiligtum zum nächsten durch jene Städte des alten Ägyptens, die alle den Tempel eines Gottes beherbergten.

Die Instrumente der ländlichen Volksmusik

Es sind fast immer professionelle oder halbprofessionelle Musiker, die die Melodieinstrumente spielen, während die Schlaginstrumente häufig auch von Laien gespielt werden. Die Instrumentalisten, *alatiyya* – von *ala*, das Instrument –, stammen oft aus Musikerfamilien, in denen der Sohn das Handwerk vom Vater lernt (die Frauen spielen, abgesehen von den *awalim,* den Hochzeitssängerinnen, selten Melodieinstrumente). Die *alatiyya* machen erst in ihrem Dorf auf sich aufmerk sam und ziehen dann von Ort zu Ort, um auf Festen, Hochzeiten, Beschneidungsfeiern und *mawalid* aufzutreten oder um die professionellen Sänger zu begleiten. Bei den Arbeitsgesängen und im Alltag werden entweder überhaupt keine Begleitinstrumente oder nur Trommeln eingesetzt, doch bei Festen ist man auf die Hilfe fahrender oder ortsansässiger Musiker angewiesen. Das ägyptische Instrumentarium ist daher, sieht man von einigen regionalen Besonderheiten ab, ziemlich einheitlich – was man von den Gesängen, den Tänzen und den Tonarten der Melodien nicht behaupten kann. Hier gibt es große Unterschiede zwischen Unter- und Oberägypten, zwischen dem Sinai und Nubien, zwischen der bäuerlichen Bevölkerung und den noch nicht vollends seßhaft gewordenen arabischen Stämmen.

Die Blasinstrumente lassen sich in drei Hauptfamilien einteilen – Flöten, Klarinetten (mit einfachem Rohrblatt) und Oboen (mit Doppelrohrblatt) –, die in unterschiedlichen, teilweise sich überschneidenden Kontexten eingesetzt werden. Das wichtigste Instrument des religiösen wie auch des weltlichen Repertoires ist die Schilfrohrflöte *nay*. Dieser Oberbegriff bezeichnet auch eine Flöte, die in der Kunstmusik eingesetzt wird und im allgemeinen ein engeres Rohr hat und länger ist als ihr volkstümliches Pendant. Die Schilfrohrflöte hat sechs Grifflöcher und wird beim Spielen gewöhnlich schräg gehalten. Die Musiker besitzen meistens eine große Anzahl von *nayat*, um in verschiedenen Lagen und Modi spielen zu können. Je nach Region wird diese Flöte ohne Mundstück entweder *suffara*, *uffata* oder *salamiyya* genannt, sie ist 20-45 cm lang und hat einen Durchmesser von 20 mm. Die *nay kawala* hat ebenfalls sechs Grifflöcher, hat aber eine weitere Bohrung und ist kürzer als die *nay*. Sie wird von der *betana*, dem Begleitensemble der *maddahin*, der Hymnensänger, eingesetzt, findet heute aber auch vielfach Verwendung in der modernen Unterhaltungsmusik.

Die Doppelklarinette *arghul* ist ein typisch ägyptisches Instrument, das benutzt wird, um epische Gesänge, *mawawil,* und Tänze zu begleiten. Die große *arghul* (*arghul kabir*) hat eine bis zu zweieinhalb Meter lange Bordunpfeife aus Bambus, die sich aus maximal neun ineinandergefügten Einzelstücken zusammensetzt und normalerweise nur drei Töne umfaßt. Die Melodiepfeife mißt ungefähr 70 cm, hat fünf bis sechs Grifflöcher und ist durch Wachs oder Schnüre mit der Bordunpfeife verbunden. Sie ist in

Halb- und Ganztonschritten gestimmt, aber durch besondere Anblastechniken und das partielle Abdecken der Grifflöcher kann der Musiker auch die mittleren Intervalle (Dreivierteltöne) der ägyptischen Musik spielen. Daneben gibt es noch andere verbreitete *arghul*-Varianten: die 60-85 cm lange *arghul saghir* (kleine *arghul*), die mittelägyptische *tormay*, eine kleine *arghul*, deren Bordunpfeife in einen Schalltrichter aus Weißblech ausläuft (der Name *tormay*, »Straßenbahn«, kommt wahrscheinlich daher, daß die Pfeifen des Instruments an zwei parallele Schienen erinnern), die *qurma* mit zwei gleich langen Rohren und die *zummara* mit sechs Grifflöchern an jeder Pfeife.

Das Wort *mizmar* bezeichnet verschiedene Typen von Oboen, die in der Volksmusik verwendet werden. Das Instrument hat sechs Grifflöcher, seine zylindrische Pfeife endet in einem kegelförmigen Schallbecher. Die *mizmar*-Ensembles sind gewöhnlich mit drei unterschiedlich großen Oboen besetzt, die in verschiedenen Lagen gestimmt sind. Die kleine, schrille *sibs* ist 30 cm lang und spielt die Melodie, die *shalabiyya*, auch *mizmar Saidi* genannt, mißt 40 cm, die größte, die 60 cm lange *telt*, liefert lang anhaltende Baßtöne. Neben den drei Oboisten spielen in den *mizmar*-Ensembles gewöhnlich auch noch Trommler. Die Gruppen begleiten nicht nur Sänger, sondern tragen auch ein instrumentales Repertoire vor, zu dem verschiedene Tänze aufgeführt werden: der Pferdetanz (*raqs al-khayl*) oder der Stocktanz (*tahtib*), bei dem zwei Gegner einen Kampf mimen.

Die Saiteninstrumente sind im volkstümlichen Repertoire seltener als in der Kunstmusik, ihr Gebrauch beschränkt sich auf bestimmte Gegenden oder Kontexte. Bis zum 19. Jahrhundert gab es in Ägypten zwei verschiedene Typen von Fiedeln: die *rabab al-shair* (*rabab* des Dichters) mit rechteckigem Resonanzkörper und einer Saite aus Roßhaar und die etwa 90 cm lange *rababat al-mughanni* (*rabab* des Sängers). Die *rabab* besteht aus einer mit Leder oder Fischhaut (*raqma*) überzogenen Kokosnußschale und einem darauf montierten Holzstab. Sie ist mit zwei im Quartabstand gestimmten Saiten bespannt: Die eine heißt *qawwal* (»die sprechende Saite«), die andere *raddad* (»die wiederholende Saite«). Es ist selten, daß der Musiker über mehr als eine Oktave spielt, obwohl der Tonumfang des Instruments dies ermöglichen würde. Die Saiten werden mit einem Roßhaarbogen aus Bambus gestrichen. Beim Spielen hält der Musiker das Instrument schräg im Schoß. Die *rabab al-shair* wird in den Golfstaaten und in Südsyrien immer noch verwendet, aber nicht mehr in Ägypten, wo nur noch die *rababat al-mughanni* von den Epensängern benutzt wird. Doch nicht nur im epischen Repertoire kommt die *rabab* zum Einsatz: Das Instrument hatte nachgewiesenermaßen seinen festen Platz im *takht*, dem klassischen Kunstmusikensemble, bevor es Mitte des 19. Jahrhunderts von der europäischen Geige verdrängt wurde, und auch heute noch spielt ein virtuoser Künstler wie Mitqal Qinawi Mitqal aus Karnak eine Instrumentalmusik aus Tanzrhythmen und *taqasim* (rhythmisch gebundenen oder freien Improvisationen), bei der neben diversen Schlaginstrumenten auch mehrere *rababat* verwendet werden.

Tanbura und *simsimiyya* bezeichnen mehr oder weniger das gleiche Instrument. Es handelt sich um eine fünfsaitige Leier mit rundem Resonanzkörper, die am Roten Meer und im Jemen verbreitet ist. Die *tanbura* wird viel in der Gegend um Assuan in Oberägypten gespielt und ist pentatonisch gestimmt, die *simsimiyya* hat sich in der zweiten Hälfte des 20. Jahrhunderts um den Suezkanal herum verbreitet und reproduziert die typischen Intervalle der ägyptischen Musik im Nildelta. Die Saiten werden entweder mit den Fingern oder mit einem Plektron gezupft. Traditionellerweise wurde die *simsimiyya* in den Cafés von Port Said von den *sahbageyya*-Gruppen gespielt, halbprofessionellen Musikern, die ihren Wechselgesang durch

Händeklatschen rhythmisch unterstützten. Die moderne Variante des Instruments kann bis zu zwölf Saiten haben und wird heute von Folklore-Ensembles aus der Gegend um den Suezkanal benutzt. Diese Ensembles setzen sich aus Sängern, Trommlern und zwei *simsimiyya*-Spielern zusammen, die ihre Instrumente in unterschiedlichen Lagen stimmen, um so den Tonumfang der Gruppe zu erweitern. Ensembles wie das 1989 in Port Said gegründete *firqat al-tanbura lil-funun al-shabiyya* (*tanbura*-Ensemble für Volksmusik) tragen ein traditionelles Repertoire von Liedern mit Refrain vor, die von der *taqtuqa* beeinflußt sind. In der innovativen Musizierweise solcher Gruppen macht sich der Einfluß der Kunstmusik bemerkbar, etwa wenn den Chorpassagen kurze Improvisationssequenzen vorgeschaltet werden, in denen Spuren der Oktavierung und der gewollten Heterophonie seitens der beiden Melodiespieler auf eine Beeinflussung durch den *qanun* schließen lassen, vor allem dann, wenn die Plektrontechnik angewandt wird (vergleiche CD, Stück 2).

Die beiden wichtigsten Schlaginstrumente sind die *darabukka* und die *riqq*. Erstere, auch *tabla* genannt, hat einen dicken, trichterförmigen Trommelkörper aus Ton – neuerdings auch aus Metall – mit einer breiten Öffnung, die mit Fischhaut (*raqma*) oder mit einem Fell aus Kunststoff überzogen ist. Der *tabbal*, der Trommler, spielt im Sitzen, die Trommel quer über die Hüfte gelegt. Er erzeugt einen klangvollen Ton, *dum* genannt, wenn er das Fell in der Mitte trifft, und einen trockenen Ton, den *tak*, wenn er auf den Rand des Fells oder den Trommelkörper schlägt. Virtuose Klangeffekte erzielt er, indem er mit einem Finger gegen das Fell drückt oder den Arm ins Schalloch einführt oder wenn er, um ein Echo zu erzeugen, die gewölbte Hand ans Instrument legt. Die *darabukka* scheint lange Zeit von den Hochzeitssängerinnen, den *awalim*, benutzt worden zu sein. Sie ist ein fester Bestandteil der volkstümlichen Ensembles, und ab der Mitte des 20. Jahrhunderts hat sie sich auch im klassischen städtischen Repertoire durchgesetzt. Die *riqq*, die eine komplexere Spieltechnik erfordert, ist eine schwere Rahmentrommel aus Holz, die mit einer *raqma* oder manchmal einfach nur mit Ziegenfell überzogen ist. Fünf Schellenpaare sind in den Rahmen der Trommel eingebaut. Der Spieler (*raqqaq*) hält sie mit beiden Händen vor sich, die Daumen nach unten. Da das Fell erhitzt werden muß, um die optimale Resonanz zu erzeugen, begegnet man heute häufig Metallkörpern, die mit einem Fell aus Kunststoff bespannt sind. Den Musikern zufolge haben diese Instrumente ebenfalls einen zufriedenstellenden Klang. Andere Trommeln werden auch in der religiösen Musik und in den mystischen Zirkeln eingesetzt: die *duff*, eine Rahmentrommel, die bedeutend größer (25 - 30 cm) und einfacher gebaut ist als die *riqq* und manchmal gar keine Schellen hat; die *tar* ohne Schellen; die *hanna*, auch *bendir* genannt, mit noch größerem Durchmesser (50 cm) und ebenfalls ohne Schellen. Schließlich gibt es noch die *tabla baladi*, die in den professionellen *mizmar*-Ensembles eingesetzt wird, eine zweifellige Baßtrommel, die auf der einen Seite mit einem Trommelschlegel geschlagen wird, auf der anderen mit einem Stück Holz.

Gesellschaftliche Feste und Riten

Die Gesänge anläßlich von Geburt, Beschneidung, Heirat, Geisteraustreibung und Tod werden überall in Ägypten kollektiv vorgetragen. Die Ruf-und-Antwort-Technik, die Wiederholung des Refrains durch das Ensemble, woraufhin der Solist die Strophe singt, die Stimme eines einzelnen, oft wechselnden Sängers, die sich über das Ostinato des Chors erhebt – auf diese Musikphänomene trifft man in vielen Kulturen, in Ägypten aber sind sie allgegenwärtig: Sie kennzeichnen sowohl das ländliche als auch das religiöse Repertoire, sowohl die traditionelle Kunstmusik als auch die zeitgenössische Unterhaltungsmusik. Die auf einem festen Rhythmus aufbauenden Gesänge folgen meist dem Muster der *taqtuqa*, das heißt, sie setzen sich aus Refrain und Strophen zusammen, denen ein und dieselbe melodische Phrase zugrunde liegt. Der synkopische und beschwingte Rhythmus ist häufig eine Variante der *wahda we noss*, manchmal *malfuf* genannt, manchmal auch *baladi*. Man findet diese Struktur bei ganz unterschiedlichen Liedern – Liedern anläßlich einer Beschneidung, einer Hochzeit oder eines *sebu* oder zum Beispiel bei einem Fischerlied aus der Fayum-Oase, das 1967 von Alexandru aufgenommen wurde. Seltenere Rhythmusverbindungen, in denen improvisierte Schlaginstrumente eingesetzt und durch Händeklatschen und Fußstampfen ergänzt werden, gibt es vor allem in den entlegenen Regionen: in Nubien und im Sinai. Es sind oft die weiblichen Familienmitglieder, die bei gesellschaftlichen Ritualen singen: Berufsmusikerinnen sind in der ländlichen Musik selten. Ausnahmen sind die *ghawazi*, die Tänzerinnen, die zu den Hochzeiten eingeladen werden. Sie setzen beim Tanzen rhythmische Akzente mit ihren *sagat*, kleinen Kupfer- oder Bronzekastagnetten mit einem Durchmesser von 6 cm, die in der Mitte durchbohrt sind und an Mittelfinger und Daumen beider Hände befestigt werden. Mit diesen Fingerzimbeln können die Tänzerinnen den Zyklus des Trommlers gegenläufig begleiten. Die *ghawazi* tanzen nicht nur, sondern tragen manchmal auch Lieder vor, allerdings besteht ihr Repertoire heutzutage größtenteils aus Stücken der über die Medien verbreiteten Unterhaltungsmusik, die sie mit Hilfe eines kleinen Ensembles – eines Geigers, eines Akkordeonspielers, eines Flötenspielers und mehrerer Trommler – nachspielen.

Ein immer noch lebendiger Brauch ist das *sebu*, ein Fest, das am siebten Tag nach der Geburt eines Kindes begangen wird. Man streut Salz ins Haus, um es vor dem bösen Blick zu schützen, und der Säugling wird zusammen mit den Samen von sieben Pflanzen aus dem Niltal in ein großes Sieb (*ghurbal*) gelegt, während eine Gruppe aus Berufsmusikern und den weiblichen Mitgliedern der Familie ein Lied aus einem für diesen Zweck bestimmten Repertoire vorträgt. Das bekannteste dieser Lieder kommt von den Beduinenstämmen:

> birgalatak birgalatak halaq dahab fe wedanatak
>
> Die Männer deiner Familie werden dir einen goldenen Ohrring schenken.

Noch heute hört man oft einen Abzählvers, von dem es vier Fassungen gibt, je nachdem, ob die Familie über die Geburt des Sohnes oder der Tochter enttäuscht oder glücklich ist. Ist sie glücklich, singt man:

> lamma qalu da ghulam
> etshadd-e dahri we qam
> we gabu-li l-bed meqashshar
> we aleh es-samn am
>
> Als sie mir sagten: »Du kriegst einen Sohn«,
> da faßte ich Mut. Sie brachten ein Ei ohne Schale,
> in guter Butter gebraten.

Oder:

> lamma qalu di buneyya
> qolt-e ya lela haneyya
> totbokh li we tegen li
> we temla l-gerar mayya
>
> Als sie mir sagten: »Du kriegst eine Tochter«,
> dachte ich: Was für ein Glück! Sie wird mir helfen
> beim Kochen und Kneten und wird die Krüge
> mit Wasser füllen.

Ist man enttäuscht, so singt man:

lamma qalu da ghulam
qolt-e ya lela zalam
akabbaro w asammeno
we takhdo menni bent el-haram

Als sie mir sagten: »Du kriegst einen Sohn«, dachte ich: Was für ein Unheil! Ich werde ihn ernähren, ich werde ihn erziehen, und irgendein Flittchen wird ihn mir nehmen.

Oder:

lamma qalu di buneyya
haddemu l-forn alayya
we gabu-li l-bed be-qeshro
we bedal es-samn mayya

Als sie mir sagten: »Du kriegst eine Tochter«, brachen sie mir das Kreuz. Sie brachten das Ei in der Schale, statt guter Butter brachten sie Wasser.

Zwei den Frauen vorbehaltene Berufe, die nur am Rande zum Musikgeschehen gehören, sind sehr gefragt und im ländlichen Raum immer noch nicht ausgestorben: der des Klageweibs (*muaddida*) und der der Geisteraustreiberin (*kudyat al-zar*). Die professionellen Klageweiber müssen vor dem Begräbnis bestellt werden und begeben sich in das Haus des Verstorbenen, zu den Frauen der Familie. Sie tragen schwarze oder tiefblaue Gewänder (*nila*) – die Farbe der Trauer im Altertum –, sie setzen sich in einem Halbkreis auf den Boden, streuen Staub auf ihren Kopf und schwingen ihre Arme rhythmisch hin und her, während sie die Tugenden des Toten aufzählen. Ihr Wechselgesang kommt manchmal ganz ohne Instrumente aus, manchmal wird er von einer *tar* (einer breiten Rahmentrommel ohne Schellen) unterstützt. Nachdem ihre Litanei bei den Trauernden einen befreienden Weinkrampf ausgelöst hat, schweigen sie kurz und nehmen dann, bis zur Erschöpfung der Angehörigen, die Aufzählung der Tugenden wieder auf.

Die *kudya* ihrerseits ist die Leiterin (*shaykha*) eines *zar*. Das ist eine unter Frauen praktizierte Austreibungszeremonie, die vom offiziellen Islam nicht anerkannt wird. Ziel ist, daß sich die Teilnehmerinnen in einem immer schnelleren Zweiertaktrhythmus in einen befreienden Trancezustand tanzen. Dieses Ritual »scheint sich in Ägypten mit magischen Bräuchen aus der Pharaonenzeit vermischt zu haben und ist ein Versuch, das weibliche Phänomen der Besessenheit zu therapieren«, wie Bernard Moussali es ausdrückt. Die Zeremonie wird – in zum Teil deutlich voneinander abweichenden Formen – von Palästina bis zum Sudan praktiziert. Während der Einsatz von Melodieinstrumenten (*nay* oder *sibs*) fakultativ ist, sind die Schlaginstrumente unverzichtbar: *Tar, darabukka, riqq, sagat* haben ihren festen Platz, und in professionellen Ensembles können auch männliche Instrumentalisten mitwirken. Solopassagen, im Chor gesungene Beschwörungsformeln und vom ganzen Ensemble vorgetragene Refrains wechseln sich ab. Die Berufsmusiker kennen eine große Vielfalt an Gesängen, die sich auf die Dämonen beziehen, von denen das Opfer bedrängt wird, oder auf Heilige wie Sayyid al-Badawi, deren Eingreifen man erbittet. Auf dem Kairoer Kongreß von 1932 entstanden Aufnahmen von einer sudanesischen *zar*-Gruppe und dem ägyptischen Ensemble von Umm Ibrahim al-Mahdiyya. Der auf diesen Aufnahmen zu hörende oberägyptische Dialekt ist mit Elementen der nubischen *rotana*-Sprache durchsetzt, und die eindringliche Melodie dieses einzigartigen Tondokuments beschränkt sich auf eine sehr schlichte, auf der *bayyati*-Intervallfolge aufbauende Formel, die Leiterin und Chor abwechselnd vortragen.

Der Völkerkundler Ahmad Amin vermittelt ein sehr anschauliches Bild von den *zar*-Zeremonien zu Beginn des 20. Jahrhunderts: Eine Frau, die sich von einem Dämon (*ifrit*) besessen fühlt, bestellt die *kudya* und ihre Helferinnen zu sich. Die Besessene hockt sich in der Runde der Anwesenden auf einen Stuhl. Erst sind ihre Füße gefesselt, später wird sie befreit, um tanzen zu können. Man setzt ihr einen Hahn auf den Kopf und auf beide Schultern eine Henne. (Noch heute gehört das Geflügelopfer oft zum Ritual.) Singend und schreiend ruft die *shaykha* Gott und die Heiligen um Hilfe gegen die Dämonen an. Die rituellen Beschwörungsformeln lauten: »dastur ya asyadi, madad ya-hl Allah« (Schutz, o ihr Heiligen, Hilfe, o ihr Gefolgsmänner Gottes). Die Mitglieder des Ensembles schlagen auf ihre Trommeln und beantworten ihre Anrufungen. Dann erscheint eine Frau, als Sufi-Heiliger verkleidet, mit einem goldbestickten Umhang und einem perlenbesetzten Fes. Mit einem Dolch in der Hand umtanzt sie die Behexte, wobei der Chor sie mit Gesängen unterstützt. Die verkleidete Frau spielt also die Rolle des Heiligen, und die Behexte wird zu ihrer fiktiven Braut. Sie tanzt vor der Gruppe, bis der Trancezustand erreicht ist und sie vor Erschöpfung umfällt. Der Ruf »mamma«, den man auf der Kairoer Aufnahme hört, ist eine stets sich wiederholende Anrufungsformel des *zar*. Angerufen werden die Schutzgottheiten des Rituals: Rumi Nagdi, Abu Mraya (der mit dem Spiegel) oder die Banat al-madrasa (die Schülerinnen).

Die Hilal-Epen und ihre Barden

Die Hilal sind Beduinenstämme, die im Laufe des 11. Jahrhunderts von ihrem Herkunftsgebiet Jemen bis nach Tunesien zogen und auf ihrer Wanderung erst den Nagd, dann den Higaz und schließlich auch Ägypten verwüsteten. Geschichtlich betrachtet hatten diese Ereignisse eine begrenzte Tragweite: Sie sind im Zusammenhang mit den Versuchen der Fatimidendynastie zu sehen, sich unliebsame Plünderer vom Halse zu schaffen und die Macht der Ziriden, der Herrscher von Kairouan, zu schwächen. Kulturell gesehen ist die Erinnerung an diese Beduinenwanderung jedoch von großer Bedeutung. Obwohl die Banu Hilal sich nur wenige Jahre in Ägypten aufhielten, erst in Oberägypten, dann im Nildelta, wandelten sich die Abenteuer dieser Araber, denen die Gesetze der Dorfgemeinden nichts bedeuteten, bei denen Werte wie Ehre und unverbrüchliche Treue aber großgeschrieben wurden, in eine Volkssage, die ein zeitloses und mythisches Sittlichkeitsideal auf die historischen Hilal übertrug; der heutige ägyptische Barde integriert laut Connelly »das aktuelle Geschehen in die Vergangenheit und die Vergangenheit in die Gegenwart«.

Das Heldenlied der Hilal besteht aus drei Teilen: Der erste beschreibt die jemenitische Phase ihrer Abenteuer und die Geburt des Helden Abu Zayd al-Hilali, des dunkelhäutigen Sohnes des Fürsten Rizq und der schönen Khadra, Tochter des Scherifs von Mekka. Im zweiten Teil wird erzählt, wie die vom Hunger getriebenen Hilal in den Nagd ausziehen. Frauengeschichten führen zum Zerwürfnis zwischen Abu Zayd und seinem Verbündeten Diyab und enden mit dem Sieg des ersteren. Der letzte Teil schildert die lange Wanderung des Stammes nach Westen und die Liebe zwischen einem der Stellvertreter Abu Zayds und Sada, der Tochter des Berberhäuptlings Khalifa, gegen dessen Stamm die Hilal Krieg führen. Nachdem die Berber besiegt sind und Khalifa getötet ist, beginnt ein großes Gemetzel unter den Hilal: Diyab ermordet Abu Zayd und löst damit eine Kette gewaltsamer Racheakte aus. Dies die kurze Zusammenfassung einer Geschichte, zu deren vollständigem Vortrag man etliche Abende benötigen würde. Bevor es Rundfunkgeräte gab, gehörte zu jedem Café ein

Barde (*shair*, Dichter); die Zuhörer schlugen sich auf die Seite Diyabs oder auf die Abu Zayds, und wenn ihr Held den Sieg davontrug, schmückten sie das Lokal und feierten. Die Barden sind aus den Cafés verschwunden, doch der Beruf ist noch nicht ausgestorben: die *shuara* treten auf Dorffesten auf, in Privathäusern, und die Rundfunksendungen des Dichters und Völkerkundlers Abd al-Rahman al-Abnudi sind so beliebt, daß ganze Dorfgemeinschaften aus Oberägypten ihm brieflich ihre Hochachtung aussprechen – beziehungsweise sich beschweren, wenn ein Vortragender von der Überlieferung abweicht. Die Heldensage ist nicht schriftlich fixiert, jeder Dichter muß seine eigenen Vierzeiler erfinden, aber die Abfolge der Ereignisse ist vorgeschrieben, und bestimmte Erzählschemata müssen eingehalten werden. Sie werden vom Vater an den Sohn weitergegeben, vom Meister an die Schüler, manchmal angeblich auch auf übernatürliche Weise: Manche Sänger behaupten, Heilige oder der Prophet selber seien ihnen erschienen, um sie in die *sira hilaliyya* einzuweihen.

Der *rabab*-Virtuose Shamandi Tawfiq Mitqal liefert auf Festivals eine stärker musikalisch ausgerichtete Fassung dieses Epos, die weniger Wert auf die Details der Handlung legt, während die beiden Rhapsoden Sayyid al-Duwi und Gabir Abu Husayn die Tradition zu wahren versuchen (vergleiche CD, Stück 3). Der *shair* tritt entweder alleine auf, oder er läßt sich von einem weiteren *rabab*-Spieler und einem Trommler begleiten. Die Aufführung beginnt mit einer kurzen Improvisation (*taqsim*) auf der *rabab*, dann folgen die Nennung Gottes und Gebete, in denen der Prophet erwähnt wird. Diese religiöse Einleitung dauert einige Minuten und baut auf einer ersten Melodie auf, deren Rhythmus frei sein kann. Es folgt – in Prosa – eine kurze Zusammenfassung der vorausgegangenen Episoden, und dann kann der eigentliche Vortrag beginnen. Er besteht aus einer Reihe von Vierzeilern mit dem Reimschema abab, das Strophe für Strophe anders ausgefüllt wird. Dazu wird eine zweite Melodie gesungen, diesmal in einem festen Rhythmus und einem schnelleren Tempo. Zum Abschluß der Darbietung erklingt eine dritte Melodie, und wieder wird ein religiös gefärbter Text vorgetragen. In der *sira hilaliyya* ist der Tonumfang der Melodien recht gering, die Zahl der Melodiephrasen sehr klein, und eine schöne Stimme gehört keineswegs zu den Voraussetzungen für einen guten Vortrag. Für die Künstler wie auch für die Zuhörer bemißt sich der Wert einer vorgetragenen Erzählung danach, wie getreu und genau die Geschichte wiedergegeben wird.

Der *mawwal*

Der Oberbegriff *mawwal* steht für verschiedene umgangssprachliche Gedichttypen, die entweder gesungen oder gesprochen werden. Der Volksdichtung gewidmete Zeitschriften veröffentlichten Anfang des 20. Jahrhunderts politische *mawawil*, und diese Texte, die über den gesellschaftlichen Wandel spotteten, wurden in den Blättern ausschließlich unter literarischem Gesichtspunkt betrachtet. Doch gerade die mit dieser Dichtkunst verbundene Gesangstechnik und die Gewohnheit, dem Text eine Klage vorauszuschicken, deren Melodie auf die Worte »o Auge, o Nacht« improvisiert wird, haben den *mawwal* zu einem typisch ägyptischen Phänomen gemacht – auch wenn das Vorbild des Gedichts vermutlich aus dem Irak stammt. Der *mawwal* steht in der klassischen Tradition der *mawaliya*. Der Legende nach wurde diese von einer treuen Dienerin der Barmakiden begründet, jener Wesire, die im 9. Jahrhundert auf Geheiß des Kalifen Harun al-Rashid in Bagdad hingerichtet worden waren. Der Herrscher hatte den Dichtern untersagt, der Wesire in Totenklagen zu gedenken, ein Verbot, dem sich die Dienerin widersetzte. Sie improvisierte Vierzeiler in ihrem Dialekt mit zweisilbigem

Reim am Versende und beschloß ihren Vortrag mit dem Ausruf »wa-mawaliyah« (oh, meine armen Herren). Die Chronisten Safiyy al-Din al-Hilli (ein in Ägypten lebender Iraker, 1277-1349) und Galal al-Din al-Suyuti (1445-1505) berichteten beide, daß das Genre in Ägypten sehr beliebt war. Ihnen zufolge wurden dabei die Endungen des Hocharabischen weggelassen, und es war erlaubt, umgangssprachliches Vokabular zu benutzen. Die älteste Form der Gattung scheint aus vier Zeilen im Versmaß *basit* mit Kehrreim zu bestehen. Es ist nicht bekannt, wann der *mawwal* nach Ägypten kam, die Tatsache, daß Safiyy al-Din al-Hilli ihn erwähnt, beweist jedoch, daß er ab dem 14. Jahrhundert verbreitet war. Wie alle dialektalen Gedichtformen, die sich seit dem 19. Jahrhundert großer Beliebtheit erfreuen, stammen auch die *mawawil* oft von Provinzgelehrten, die zwar eine religiöse Ausbildung genossen oder an der Al-Azhar-Universität studiert haben, aber dennoch keinerlei Aversionen gegen die Volkssprache hegen. Als die Kairoer *shuyukh* für die Sänger am Hofe des Khediven Ismail *mawawil* über die Liebe schrieben, hatte sich die Landbevölkerung diese verspielte Kunstform vermutlich schon längst angeeignet.

Ob »grün« (vom Liebesglück handelnd), kurz und sentimental, oder »rot« (von Schicksalsschlägen, Schmerz, Verlassenwerden handelnd), lang und erzählend, ob ohne festes Taktmaß oder durch das Spiel von *riqq* und *darabukka* rhythmisch gegliedert, der *mawwal* gehört auf jeden Fall sowohl zum ländlichen Repertoire als auch zum Kunstgesang. In seinem *Dictionnaire des coutumes et des expressions égyptiennes* widmet Ahmad Amin der Volksdichtung einen kurzen Artikel und schreibt ihr Motive und Stilmerkmale zu, die auch den *mawwal* exakt beschreiben: die erloschene Liebe, Abschiedstränen, die Anbetung von Augen, Wimpern und Hüften als Themen; die überragende Bedeutung der Paronomasie, das heißt der Wiederholung gleich oder ähnlich lautender Wörter am Ende der

Zeilen. Schon in den alten Texten wird deutlich, daß der *mawwal* ein bevorzugtes Feld für Wortspiele ist, für die *tawriya*, die verschlüsselte Anspielung: Man beschließt eine Zeile mit einer Paronomasie, sei es, indem man das gleiche Wort in einer anderen Bedeutung wiederholt, sei es, indem man zwei oder drei Worte aneinanderreiht, so daß sie bei schnellem Lesen das letzte Wort eines vorausgegangenen Verses zu wiederholen scheinen. Das Prinzip, das hier über Dutzende von Versen angewandt wird, läßt sich durch ein Bonmot Schleiermachers illustrieren: »Eifersucht ist eine Leidenschaft, die mit Eifer sucht, was Leiden schafft.« Ein einziges Wort entspricht zwei oder drei anderen.

Diese Wortspiele setzen die Überlagerung verschiedener Sprachebenen voraus – das gezierte Vokabular der Liebesdichtung, des *ghazal*, steht neben umgangssprachlichen und landschaftlich gebundenen Ausdrucksweisen. Dabei werden sogar Vokale vertauscht, und die dialektale Aussprachenorm wird verletzt. Der Dichter oder Sänger ist daher gezwungen, einen Vers mehrmals nacheinander aufzusagen oder gar die Lösung des Rätsels anzudeuten, indem er den Vers in seine Bestandteile zerlegt oder sich der üblichen Aussprache annähert. Das Wortspiel heißt bei den Autoren *zahr* (Blume), seine Erklärung nennt man *tazihr*, »die Öffnung der Blume«. Pierre Cachia hebt hervor, »daß für die Dorfbewohner und die Bewohner der Armenviertel, die das übliche Publikum der *mawwal*-Sänger bilden, selten Erklärungen nötig sind. Sie lauern auf das Wortspiel, haben großen Spaß daran, es zu entdecken, und gestehen ungern, wenn ihnen dies mißlingt«. Ein *mawwal*, der sich einfach nur reimt oder dessen letztes Wort in einer schon dagewesenen Bedeutung wiederholt wird, heißt »weißer *mawwal*« und genießt wenig Anerkennung bei den Liebhabern des Genres.

Die Länge eines *mawwal* und seine musikalische Umsetzung sind sehr unterschiedlich. Normalerweise ist der kurze *mawwal* ein Lied ohne festen Rhythmus, das bei gleichbleibendem Modus durchweg improvisiert wird. Es kann aus vier Versen bestehen, häufiger allerdings begegnet man dem hinkenden *mawwal*, dem *mawwal arag* (fünf Verse, Reimschema aaaba), oder dem *mawwal numani* (sieben Verse, Reimschema aaabbba). Der letzte Vers heißt *taqiyya* (Mütze) und wird in den längeren Stücken manchmal weggelassen. Die Gesangsmelodie bewegt sich erst auf-, dann abwärts in langen, reich verzierten Phrasen. Jeder Vers wird auseinandergezerrt, das entscheidende Wort wird wiederholt, ebenso mit einigen Variationen auch die Tonfolge. In der Volksmusik wird der *mawwal* von Blasinstrumenten begleitet: *Mizmar*, *suffara* und/oder *arghul* untermalen die Melodie und wiederholen sie in den Gesangspausen.

Mehr als jede andere volkstümliche Gattung lebt der *mawwal* von der schönen Stimme des Sängers. Muhammad al-Arabi (1881-1941), von dem auf dem Kairoer Kongreß von 1932 Aufnahmen gemacht wurden, war in der ersten Hälfte des 20. Jahrhunderts zusammen mit seiner Konkurrentin, der Hagga Zaynab al-Mansuriyya, der berühmteste Interpret von *mawawil* und von volkstümlichen Schlagern. Er hatte ein pathetisches Timbre und beschloß die Gesänge regelmäßig mit dem Ausruf »talet alayya l-layali« (o endlose Nacht) oder mit »gharib we dakhil manazil« (ich bin ein Fremder und bitte um Gastfreundschaft). Begleitet von Hasan an der *mizmar* und Husayn an der *suffara* und von dem zweiten Sänger Muhammad al-Sughayyar unterstützt, nahm er für das Label Baidaphon Dutzende von Grammophonplatten auf, mit denen er nicht nur ein ländliches Publikum erreichte, sondern auch die Komponisten städtischer Volksmusik beeinflußte (vergleiche CD, Stücke 4 und 5). Die *darabukka* und die *riqq* sind in den *mawawil* von al-Arabi nur in den Einleitungssätzen, den *dawalib*, zu hören; die Gesangspassagen sind nie einem festen Taktmaß unterworfen. Dennoch kommt es vor, daß man in Ägypten kurze *mawawil* hört, zu denen Schlaginstrumente gespielt werden, sei es während eines instrumentalen Intermezzos zwischen zwei taktfreien Gesangspassagen, sei es als rhythmisches Ostinato, das die Melodielinie des Sängers nicht direkt beeinflußt: Die Schlußkadenzen mögen mit den Hauptschlägen des Trommelzyklus zusammenfallen, im großen und ganzen aber bleibt die Gesangslinie rhythmisch frei.

Der erzählende *mawwal* seinerseits schiebt mehrere Dutzend Dreizeiler – einschließlich der obligatorischen Paronomasien – zwischen die Hauptzeilen, und zwar nach dem Muster aaa bbb ccc ddd ... a. Die musikalische Umsetzung dieser Balladen ist anders als beim kurzen *mawwal*. Ein anschauliches Beispiel sowohl für den literarischen als auch für den melodischen Aspekt der Gattung liefert der Volkssänger Hifni Ahmad Hasan in seiner Interpretation der Ballade von Shafiqa und Metwalli (vergleiche CD, Stück 6). Die Geschichte, die sich in den 1920er Jahren abspielt, brandmarkt die Zwänge, die Gesellschaft und Familienehre den Bewohnern Oberägyptens auferlegten. Metwalli, ein junger Bauer aus Girga, wird Hauptfeldwebel in der Armee und steht eines Tages einem Soldaten gegenüber, der sich seinen Befehlen widersetzt. Metwalli schlägt ihm auf die Schulter, und das Drama nimmt seinen Lauf:

qal-lo: ezzay tedrabni ya **jaban**
ruh edfen nafsak juwwa **jabbana**
adi sort okhtak juwwa **jebi-ana**

Er sagte ihm: Warum schlägst du mich, Feigling?
Laß dich auf dem Friedhof begraben, ich habe das
Foto deiner Schwester in der Tasche.

Wie man sieht, besteht im letzten Vers ein Reim aus zwei Wörtern, aus *jebi* (meine Tasche) und *ana* (ich), die die Paronomasie mit *jabbana* (Friedhof) bilden. Metwalli kehrt nach Hause zurück, wo sein Vater ihm weismachen will, seine Schwester Shafiqa sei tot. Doch Metwalli glaubt ihm nicht:

> yaba, law enta rabbetha, ma trafeqsh we takh
> od et-**tor betha**
>
> Vater, wenn du sie wohl erzogen hättest,
> hätte sie den Hengst nicht mit nach Hause gebracht.
>
> tayyib, qum we warrini **torbetha**
>
> Steh auf und zeig mir ihr Grab!

Der Vater gesteht, daß Shafiqa weggelaufen ist und nun als Prostituierte arbeitet. Um die Ehre der Familie zu retten, sucht Metwalli die Sünderin auf und tötet sie. Dem Sänger gelingt es durch die gesangliche Akzentuierung, sowohl Shafiqas tragisches Schicksal zu vermitteln als auch das traditionsbewußte Publikum durch einen theatralischen Ausgang zu versöhnen.

Ägypten kennt noch zahlreiche andere Balladen mit politischem oder sentimentalem Inhalt, so etwa die von Hasan und Naima, in der das Drama einer für Oberägypten typischen Blutrache geschildert wird: Der Volkssänger Hasan verliebt sich in die schöne Naima, die flieht, um sich im Dorf ihres geliebten Verehrers niederzulassen. Zwar bleibt sie Jungfrau, aber der junge Sänger muß trotzdem sterben, denn er hat Schande über ihre Familie gebracht und dadurch einen Kreislauf der Gewalt in Gang gesetzt.

Die ländliche Musik zwischen Tradition und Moderne

Die ägyptische Musikindustrie hat sich nie ganz von den ländlichen Musikstilen abgewandt: Als in den siebziger

Jahren die Zahl der Rundfunkgeräte und Fernseher anstieg und die Musikkassette in Umlauf kam, erreichte man auch Hörer, die nicht zum ursprünglichen Zielpublikum in den Städten gehörten. Im selben Jahrzehnt versuchte Layla Nazmi, eine ehemalige Studentin des Instituts für Arabische Musik, den folkloristischen Liedern wieder zu neuer Popularität zu verhelfen. Sie trat als Bäuerin verkleidet im Fernsehen auf und spielte Fest-, Hochzeits- und Glückwunschlieder nach, begleitet von Melodiespielern und einer Rhythmusgruppe, die ein ziemlich schnelles Tempo vorlegte. Wenn auch Zweifel an der Authentizität ihrer Darbietungen berechtigt sind, so fanden ihre Kompositionen doch Eingang in das unverfälschte ländliche Repertoire, und ihre Texte, die sie tatsächlich von ihrem ländlichen Publikum übernommen hatte, ließen durchscheinen, wie der Fortschritt das Leben dieser Menschen verändert hatte. So erklärt in einem ihrer Lieder ein junges Mädchen: »ma-shrabsh esh-shay ashrab qazuza ana« (Ich will keinen Tee trinken, ich will lieber Sprudel), was an alte Gesänge der *awalim* erinnert, in denen das junge Mädchen sich nicht unter Wert verkaufen wollte und deswegen eine respektable Mitgift verlangte, oder an eine *taqtuqa* der zwanziger Jahre, in der die Braut im Auto zum Haus ihres Bräutigams gebracht werden wollte, und nicht auf dem Rücken eines Kamels. Desgleichen belustigte Layla Nazmi ihr Kairoer Publikum mit einem neuen Text, den die Bauern in ein berühmtes folkloristisches Stück eingebaut hatten: »etdalla ya aris ya bu lassa naylo« (Schmücke dich, junger Bräutigam, mit deinem Nylonturban). So bestätigte sie einen Trend, den auch Tiberiu Alexandru erkannt hatte: In Damanhur hörte er ein Hochzeitslied, in dem echte Bäuerinnen eine Verlobte beschrieben, die von Kopf bis Fuß in Nylon gekleidet war.

2. Kapitel

RELIGIÖSE MUSIK UND GESÄNGE

Gott war in Ägypten stets anwesend. Von den Sistrumspielerinnen auf den Reliefs der Pharaonentempel bis zu den frommen Teilnehmern an den *dhikr*-Zeremonien, die bei der rhythmischen Anrufung Allahs in Trance fallen – das Volk im Niltal hat es immer verstanden, seinem Schöpfer die Schönheit der Musik als Gabe darzubringen. Es fällt manchmal nicht leicht, das Geistliche und das Weltliche auseinanderzuhalten, so stark haben sich die beiden Elemente bei den religiösen Festen und den Feiern des Familienlebens, in den Arbeitsgesängen, Austreibungszeremonien und den epischen Gesängen miteinander vermischt.

Die Musikformen, die im Islam mit der Religionsausübung zusammenhängen, führen jahrhundertealte Traditionen fort und verankern sie jeweils in der Gegenwart. In jedem Jahrzehnt tun sich unter den Koranlesern neue Talente hervor, die davon profitieren, daß der Fortschritt sogar die Minarette der Stadtteilmoscheen mit Lautsprechern ausgestattet hat; ihre Rezitationen sind seit 1972 täglich im Rundfunk zu hören: auf Idhaat al-Quran al-Karim, einem Sender mit hoher Einschaltquote, der sich auf das religiöse Repertoire des Islam spezialisiert hat. Jedes Jahr veranstaltet das Ministerium für Religiöse Angelegenheiten einen Wettbewerb für Kinder und Jugendliche, die den ganzen Koran auswendig können. Die jungen Rezitatoren sind aufgerufen, ihre Begabung unter Beweis zu stellen, und werden dafür mit großzügigen Förderpreisen bedacht. Auf dem Gebiet der Koranrezitation ist es unbestreitbar zu einem Austausch zwischen Kunst- und Unterhaltungsmusik gekommen: Für welche Modi (*maqamat*) und welche Überleitungen zwischen den Modi sich die Koranleser entscheiden, hängt vom jeweils vorherrschenden Musikgeschmack ab, denn viele große Koranleser sind auch große Musikliebhaber. Auch die Art, wie die religiösen Hymnen (*inshad dini*) gesungen werden, ist in den letzten hundert Jahren weithin von den ästhetischen Vorstellungen der Berufsmusiker geprägt worden. Dennoch sind das religiöse Repertoire und die ländliche Volksmusik dem Diktat des Marktes und kurzlebiger Modeerscheinungen nicht in dem Maß ausgesetzt wie die Kunstmusik oder die massiv verbreitete Unterhaltungsmusik. Sie sind also ein verhältnismäßig konstanter Faktor, was rechtfertigt, daß sie in einem Buch über die Geschichte der ägyptischen Musik im 20. Jahrhundert an erster Stelle stehen.

DIE LITURGISCHE MUSIK DER KOPTEN

Die Christen, die ägyptischer Abstammung sind und sich zum traditionellen ägyptischen Glauben bekennen, machen etwa 6 bis 10% der Gesamtbevölkerung aus. Ihre Kirche ist mit mehr als 4 Millionen Gläubigen die mitgliederstärkste der arabischen Welt. Die Kopten führen die Gründung ihrer Kirche auf den Evangelisten Markus zurück und schreiben ihm die Grundlagen des Ritus zu, der noch heute in der Kirche von Alexandria gültig ist. Der Begriff »koptische Musik« steht vor allem für die liturgischen Gesänge der koptisch-orthodoxen Kirche, auch wenn die anderen koptischen Kirchen eine eigene Liturgie entwickelt haben und bestimmte Elemente der Hymnen vielleicht in die ägyptische Volksmusik eingegangen sind. Das Koptische, eine Mischung aus Griechisch und Altägyptisch, ist die offizielle Sprache der Kirche, obwohl die Gläubigen sie nicht mehr verstehen und schon im 10. Jahrhundert für bestimmte Teile der Liturgie das Arabische eingeführt wurde. In der konservativen koptischen Kirche, die von der islamischen Eroberung des Niltals (641 n. Chr.) bis ins 19. Jahrhundert autark war, hat sich die Liturgie im Laufe der Jahrhunderte kaum verändert. Die Gesänge sind ein »heiliges Erbe«, das von Generation zu Generation unverändert weitervermittelt wird. Die koptische Liturgie wurde vor dem 20. Jahrhundert nicht aufgezeichnet, und die Melodien wurden über Jahrhunderte mündlich überliefert. Neben offensichtlichen pharaonischen und griechischen Quellen finden sich in der koptischen Liturgie auch Spuren von Gesängen aus der Synagoge und von Riten der Kirche von Antiochia. Der koptische Gesang ist ausschließlich einstimmig und wird nicht von Melodieinstrumenten begleitet (vergleiche CD, Stück 7). Die Hymnen mit festem Rhythmus, wie das »Tino-Oscht« oder das »Kyrie eleison«, werden von Schlaginstrumenten begleitet: vom *teriyanto*, einem Triangel mit offener Seite, der mit einem Metallstab geschlagen wird, früher auch vom *naqus*, einer Holzglocke, die heute durch Fingerzimbeln ersetzt worden ist. Die Tonarten und Intervallgruppen des koptischen Kirchengesangs unterscheiden sich von denen der arabischen Musik: Dreivierteltöne gibt es zwar, aber bestimmte Intervallverbindungen kommen in der koptischen Musik nicht vor, die gängigsten Modi bestehen vor allem aus Halb- und Ganztonschritten; Erian bezeichnet diese Musik daher als »im wesentlichen diatonisch«. Man unterscheidet verschiedene Gattungen, darunter die *awashi*, Hymnen, die seit Menschengedenken in freien Rhythmen komponiert werden, über die wiederum der Vorsänger – ähnlich wie in der arabischen Musik – seine Melismen improvisiert; die *abrushat*, Ermahnungen und Antworten der Diakone; schließlich die *alhan*, Hymnen mit festem Taktmaß. Ein wohlhabender und prominenter Kairoer Bürger, Raghib Muftah, gab in den 1930er Jahren den Anstoß zu den ersten Studien über koptische Kirchenmusik. Er veranlaßte auch, daß auf dem Kairoer Kongreß eine Aufnahme mit dem großen *muallim* (Vorsänger) Mikhail Girgis al-Batanuni gemacht wurde. Als 1955 das Institut für Koptische Studien gegründet wurde, übernahm Muftah den Vorsitz der Abteilung Musik und beauftragte den *muallim* Mikhail, sein gesamtes Repertoire an die Schüler weiterzugeben. Ensembles wie das des Instituts für Koptische Studien oder das 1975 gegründete *firqat Dawud* (das David-Ensemble) sorgen für den Erhalt einer zweitausendjährigen Tradition und treten auch im Ausland auf, um den koptischen Kirchengesang über die Landesgrenzen hinaus bekanntzumachen.

DIE KORANREZITATION

Obwohl der Streit über die Vereinbarkeit von Musik und Religion nie endgültig entschieden wurde, brachte der Islam eine Ästhetik hervor, die sich auf das Schaffen der Musiker auswirkte und durch dieses wiederum bereichert wurde. Die verschiedenen Rechtsschulen streiten darüber, welche Instrumente eingesetzt werden dürfen, ja selbst darüber, ob laut vorgetragene, verzierungsreiche Koranrezitationen (*qiraa bi-l-alhan*) erlaubt sind oder nicht, da ihre Schönheit den Zuhörer davon abhalten könnte, über den Inhalt der Worte nachzudenken.

Die Befürworter der immer aufs neue angegriffenen Musik beziehen sich stets auf dieselben Aussprüche des Propheten (*ahadith*), laut denen die Frauen von Medina, als sie den Gesandten Gottes empfingen, eine Hymne gesungen hätten, die noch heute vom Persischen Golf bis zum Atlantik zu hören ist: »talaa l-badru alayna« (»Der Mond ist für uns aufgegangen«). Andere *ahadith* bezeugen, daß der Prophet den Sängern gegenüber tolerant gewesen sei und sie sogar im eigenen Haus wohlwollend behandelt habe. Die Gegner betonen, die Musik gefährde die Sitten, und gewinnen heute, wo moralischer Rigorismus herrscht und man die islamische Identität gegen Einflüsse von außen abschotten will, eine Anhängerschaft zurück, die sie im 19. Jahrhundert, zur Zeit der Nahda, der geistigen Renaissance der arabischen Welt, verloren hatten. Die bedeutenden Schriften islamischer Reformer waren von den Ideen der *shuyukh* Gamal al-Din al-Afghani (1838-1897) und Muhammad Abduh (1849-1905) geprägt und zeigten deutlich, daß es im religiösen ägyptischen Denken eine Strömung gab, die auf der Seite der Musik stand und ihre Weiterentwicklung förderte.

Die Koranrezitation ist ein Beruf, der von einem *qari* oder *muqri* ausgeübt wird, und die Ägypter haben sich auf diesem Gebiet in der islamischen Welt einen Namen gemacht. Jeder geprüfte professionelle Koranleser darf von Amts wegen den Titel *shaykh* tragen. Bis zu Beginn des 20. Jahrhunderts lernten die *muqriin* ihre Kunst, indem sie ihrem Lehrer zuhörten und ihn nachahmten. Gewöhnlich ist der Rezitator ein Mann, aber im 20. Jahrhundert gab es auch viele Koranleserinnen, und noch in den zwanziger Jahren warb die berühmte Sängerin Umm Kulthum auf ihrer Visitenkarte mit dieser Fertigkeit. In einem Schallplattenkatalog der Firma Gramophone wurde 1919 sogar eine Hochzeitssängerin (*alima*) vorgestellt, die zwischen die beiden Unterhaltungsnummern »Mein kleiner Ibrahim« und »Nimm mich mit ins Hammam, Mutter« ihre Fassung der Sure Yusuf geschoben hatte.

Wer in Kairo früher den Titel eines Koranlesers erlangen wollte, mußte, und sei es nur für kurze Zeit, an der Universität und Moschee Al-Azhar studiert haben und vom amtierenden *shaykh mashayikh al-muqriin* (dem großen Meister der Rezitatoren) zugelassen werden. In den entlegeneren Provinzen hingegen reichte es, wenn die Koranleser eine Ausbildung auf lokaler Ebene genossen hatten oder sich auf das Prestige berufen konnten, das sie während mehrerer Jahre in Kairo erworben hatten. Heutzutage gehen alle Rezitatoren durch die Schule von Al-Azhar, aber zusätzlich erwartet man von ihnen, daß sie acht Jahre am Institut für Koranrezitation (*mahad al-qiraat*) im Stadtteil Shubra studiert haben. Damit ihre Darbietungen im Rundfunk übertragen werden können, müssen sie ferner vor einem »Prüfungsgremium für Vorleser« bestehen, das vom Rundfunkamt eingesetzt wird. In diesem Gremium sitzen neben den religiösen Kapazitäten, die sich vergewissern, ob die Rezitatoren mit den heiligen Texten aufs beste vertraut sind, auch Musiker, die überprüfen, ob die Kandidaten richtig singen können und die Modi beherrschen. Es ist bemerkenswert, daß alle berühmten *muqriin*, mit denen sich Kristina Nelson für ihr Standardwerk über die Koranlesung unterhielt, sämtliche *maqamat* bestimmen konnten, in denen sie rezitierten. Ebenso konnten sie ihre Melodiewahl begründen: Sie verwiesen auf die ethische Bedeutung der Modi, auf die Notwendigkeit, eine traurige, besinnliche oder ehrfurchtsvolle Stimmung zu erzeugen.

Einfache und verzierte Rezitation

In der *tilawa*, der Rezitationskunst, unterscheidet man zwei Stile: den *tartil* und den *tagwid*. Von *tartil* spricht man, wenn der Text zügig, ohne Wiederholungen und mit sparsamem Einsatz von Pausen und Verzierungen vorgetragen wird und keine Zeile den anderen gegenüber besonders hervorgehoben werden soll. Die Lesung kommt mit wenigen Melodieformeln aus, die alle im gleichen Modus gesungen werden und einen sehr beschränkten Tonumfang haben, der nie mehr als eine Oktave umfaßt. Der *murattal*-Stil (das Adjektiv *murattal* kommt von *tartil*) ist hauptsächlich für den privaten Gebrauch und für pädagogische Zwecke bestimmt. Das Wort *tagwid* bezeichnet erstens eine Reihe von Ausspracheregeln für die Phoneme des heiligen Textes sowie für bestimmte lautliche und rhythmische Besonderheiten, die nur im Koran gelten: Betonungen, die entfallen oder hinzugefügt werden, diverse Angleichungen der Liquid- und Nasallaute gemäß präzisen, zum Teil im gedruckten Text notierten Vorschriften. Zweitens versteht man unter *tagwid* (man spricht auch von *mugawwad*-Stil) einen verzierungsreichen Rezitationstyp, bei dem der Interpret Verse oder Teile von Versen häufig wiederholt und die Spannung des Textes gemäß seinem persönlichen Stil erhöht. Eine Abweichung vom vorgegebenen Wortlaut ist natürlich undenkbar, aber der Koranleser kann, wenn er die Tonfolge entsprechend aufbaut, den Sinn der Worte anders gewichten – was nicht ausschließt, daß die Zuhörer sich manchmal nur an der Melodie berauschen. Dieser Rezitationstyp setzt eine außergewöhnliche Stimme voraus, sowohl in bezug auf die Atemtechnik als auch auf den Tonumfang, der manchmal mehr als zwei Oktaven umfaßt. Nur der *tagwid*, dem man bei öffentlichen Anlässen den Vorzug gibt, ermöglicht es, das Können eines Koranlesers zu beurteilen. Die Rezitationen finden in den Gotteshäusern statt – jede Moschee hat ihren eigenen *muqri* –, aber auch in privaten Wohnungen: Bei Hochzeiten oder Trauerfeiern kommt es vor, daß eine Familie einen renommierten Vorleser bestellt, damit er einen *hizb*, einen Abschnitt aus dem Koran, vorträgt.

Die Rezitation kennt kein festes Taktmaß, der Rhythmus ergibt sich einzig und allein aus dem Fluß des Textes. Es können keine Begleitinstrumente eingesetzt werden, und keine Sure ist an einen bestimmten Modus oder eine bestimmte Melodie gebunden. Von Komposition kann im Rahmen der Rezitation nie die Rede sein. Dennoch sollte man festhalten, daß im 20. Jahrhundert wiederholt vorgeschlagen wurde, den Korantext zu vertonen, allerdings ohne Instrumentalbegleitung, so zum Beispiel von dem Komponisten Zakariyya Ahmad. Nie wurde eins dieser Projekte realisiert, und die Al-Azhar-Universität, die Hüterin der Orthodoxie, ist strikt dagegen, daß der Geist der *tilawa* in irgendeiner Weise verändert wird. Die Melodieführung ist einzig und allein Sache des Vortragenden; er entwickelt mit zunehmender Erfahrung bestimmte Ausführungsschemata, die sich bei seinen verschiedenen Interpretationen einer Sure teilweise wiederholen können.

Der *tagwid* unterscheidet sich von den Formen des taktfreien Gesangs in der Kunstmusik durch einige ästhetische Prinzipien. Im *tagwid* wird der Text nur dann wiederholt, wenn der Einschnitt im Vers dadurch bedingt ist, daß dem Interpreten der Atem ausgeht, oder wenn es zwei offiziell anerkannte Lesarten der betreffenden Koranstelle gibt, die eine Wiederholung rechtfertigen. Jede Melodiephrase endet mit einer *qafla* genannten Kadenz, und nur selten werden die Phrasen durch Überleitungen miteinander verbunden. Der Wechsel von einer Tonart zur nächsten wird nicht unbedingt über eine Zwischenstufe vermittelt, sondern ist oft ein »Sprung«. Die gängigsten Modi sind *bayyati*, *rast*, *saba*; seltener werden auch *huzam*, *iraq*, *nahawand*, *gaharkah* und *higaz* benutzt. Es fällt auf, daß die Koranleser aus der ersten Hälfte des 20. Jahrhunderts, die ebenfalls als Hymnensänger, ja sogar als Sänger weltlicher Musik aktiv waren, häufige Moduswechsel und ausgefeilte Melodieformeln bevorzugten. So zum Beispiel Ali Mahmud (1880-1943) oder auch Muhammad Rifat (1882-1950), der öffentlich zwar nur als *muqri* auftrat, aber auch regelmäßig mit den Komponisten seiner Zeit zusammenkam, sich in der weltlichen Kunstmusik weiterbildete und das *ud*-Spiel erlernte.

Der Koranleser entfaltet sein Thema in der Kopfstimme, wechselt manchmal aber auch zwischen der oberen und der unteren Oktave hin und her. Der Vortrag beginnt im mitteltiefen Register und steigt nach und nach zu den höchsten Tönen der Skala auf. Durch die besondere Singtechnik im hohen Register bekommt die Rezitation oft einen näselnden Klang und erweckt den Eindruck, als ob der Interpret die Worte hervorpressen würde. Bedingt wird das durch eine Zusammenziehung des Zwerchfells, die die ägyptischen Musiker *hazq* nennen. Der repräsentativste Vertreter für diesen Rezitationsstil ist Abd al-Basit Abd al-Samad, dessen Stimme auf Kassette in der gesamten arabischen Welt zu hören ist (vergleiche CD, Stück 9). Zu den großen ägyptischen Koranlesern des 20. Jahrhunderts zählen außerdem Mustafa Ismail (1908-1978), Farid al-Sindiyuni (1916-1955), al-Shashai (1890-1962), Abd al-Azim Zahir (1904-1971) und Muhammad Siddiq al-Minshawi (1920-1969).

Der Gebetsruf

Der Gebetsruf (*adhan shari*), den der Muezzin (*muadhdhin*) fünfmal täglich anstimmt, war für die großen Sänger früher eine Gelegenheit, zu üben und sich hervorzutun. Weil der Ruf im ganzen Viertel zu hören sein mußte, konnte man als Ausrufer die Lautstärke seiner Stimme trainieren. Als es noch keinerlei Verstärkungsmöglichkeiten gab, war das für jeden notwendig, der später in einem großen Saal auftreten wollte. So hatte der weltliche Sänger und Komponist Abduh al-Hamuli (1840-1901) seine ganze Jugend über vom Minarett der Moschee Al-Hanafi zum Gebet aufgerufen, und sein Freund, der Dichter Khalil Mutran, behauptet, Hamuli habe gelegentlich in den Nächten des Ramadan von Al-Husayn aus den *adhan* ausgerufen, zum größten Vergnügen des Viertels. Heutzutage hat der Lautsprecher den Muezzin verdrängt.

Normalerweise wird der Gebetsruf in einem der Modi *rast*, *rast suznak* oder *higaz* gesungen, nach einer Melodieskizze, die viel Spielraum für individuelle Ausgestaltung läßt (vergleiche CD, Stück 10). Werden bestimmte Melodieformeln wiederholt, so steigt die Tonfolge beim ersten Mal mit wenigen Verzierungen bis zur Quarte über dem Grundton (*nawa*), der selbst schon im mittleren Register liegt. Beim zweiten Mal ist die Melodie dann viel üppiger ausgeschmückt und schließt mit einer Kadenz auf dem Grundton. Auf manchen ägyptischen Aufnahmen hört man den *adhan* auch in selteneren Modi und mit selteneren Melodieformeln, so etwa bei Ali Mahmud, der einen Gebetsruf im *kurdi*-Modus singt. Wahrscheinlich war die Kunst des Gebetsrufes im 19. Jahrhundert viel abwechslungsreicher als heute: In der großen Moschee von Al-Husayn im historischen Kern von Kairo wurde der *adhan* samstags im Modus *ushshaq* angestimmt, sonntags im *higaz*, am ersten Montag des Monats im *sikah* und so weiter, nach einem genau festgelegten Ablauf für jeden Tag des Monats.

DER INSHAD IN DER KUNSTMUSIK

Der religiöse Gesang des Islam hat sich hauptsächlich in den Orden entwickelt. Dank der gegenseitigen Durchdringung von Sufi-Mystik und offiziellem Islam im 19. Jahrhundert setzte sich der *inshad*, der Hymnengesang, damals als eine Musikform durch, deren Vertreter ein größeres Prestige und einen höheren gesellschaftlichen Status genossen als die Musiker des weltlichen Repertoires. Der Begriff *munshid* (Hymnensänger) umfaßt verschiedene Bedeutungen, die aus historischer Sicht nicht leicht zu entwirren sind. Der Begriff *maddah* (Sänger, der die Heiligen, den Propheten und Gott lobpreist), der hier für die religiösen Sänger im volkstümlichen und ländlichen Repertoire stehen soll, wird oft mit *munshid* verwechselt, nicht zuletzt von den Interpreten selbst. Man kann daher sowohl von einem kunstmusikalischen *inshad*-Repertoire sprechen, das früher sehr lebendig war und sehr stark mit der weltlichen Musik zusammenhing, als auch von einem volkstümlichen religiösen Repertoire, das heute hauptsächlich in Oberägypten gepflegt wird, dessen größte Interpreten aber im ganzen Land berühmt sind.

Im *inshad* der Kunstmusik gibt es neben halbkomponierten auch rein improvisierte Gesänge. Der *madih* ist ein Lobgesang auf den Propheten oder seine Heiligen, die *ibtihalat* sind Anflehungen Gottes. Diese beiden Formen werden improvisiert. Der *tawshih* ist das religiöse Gegenstück zum weltlichen *muwashshah* (siehe 3. Kapitel), einer im Chor oder im Wechselgesang vorgetragenen Komposition, bei der die komplexen Rhythmen nicht von Schlaginstrumenten gespielt werden, sondern nur im Melodieraster durchscheinen. Der Solist spinnt seine Verzierungen, indem er von den Melodiephrasen des Chors ausgeht. Eine weitere Gattung ist die religiöse *qasida*. Sie beruht meist auf einem Liebesgedicht der Sufis, wie zum Beispiel denen von Ibn al-Farid (1181-1234), und kann rhythmisch gebunden oder frei sein. Ist sie gebunden, so liefert das Händeklatschen der *betana* den Rhythmus (*wahda*), über den die Gesangslinie läuft. In der rhythmisch freien *qasida* wird der Gesang nur durch die Metrik des Gedichtes bestimmt. Der Melodieablauf ist in der *qasida* viel strukturierter als in der Koranlesung. Natürlich spielt die verzierungsreiche Improvisation in der *qasida* eine wichtige Rolle, es kommt sogar vor, daß im Laufe der Interpretation ganze Abschnitte verändert werden. Doch auf den Grammophonplatten eines Ali Mahmud (1880-1943), eines Ibrahim al-Farran oder eines Ali al-Harith werden die Modi so elegant und abwechslungsreich kombiniert, daß kein Zweifel an der kompositorischen Absicht hinter diesen Stücken bestehen kann. Die *qasida* Ali Mahmuds »tih dalalan« liefert hierfür ein gutes Beispiel:

> Verschmähe mich aus Eitelkeit, denn dessen bist du würdig
> Herrsche allein, denn deine Schönheit gibt dir alle Rechte
> Du selbst bestimmst deinen Weg, urteile wie du willst
> Durch deinen Glanz hast du mich fest in deiner Hand
> Prüfe mich in deiner Liebe, wie es dir gefällt
> Ich für meinen Teil wähle, was dich zufriedenstellt.

Es kommt vor, daß der *inshad* auf einem privaten Fest gesungen wird. Der *munshid* wird dann von einer Familie oder einer Gruppe von Musikliebhabern eingeladen, so wie es auch üblich ist, einen Koranleser oder einen großen Sänger zu bestellen, wenn man eine Hochzeit, eine Beschneidung oder die Rückkehr von einer Pilgerfahrt feiert. Waugh weist darauf hin, daß sogar einige koptische Familien zum eigenen Vergnügen und zum Vergnügen ihres Viertels einen *munshid* einladen.

Die musikalischen Sufi-Zeremonien

Der *inshad* wird auch während der Versammlung (*hadra*) eines geistlichen Ordens (*tariqa*) gesungen. Diese Zeremonie schließt einen *dhikr* (Vergegenwärtigung des Gottesnamens) ein, bei dem Gesänge der *tariqa* und anschließend auch andere improvisierte oder komponierte Gesänge angestimmt werden. Der Hauptsolist (*munshid*) unterstellt sich der Leitung eines *shaykh*, und die Zeremonie findet in einer *tekiyya* statt, einem gestifteten Gebäude, das Eigentum des mystischen Ordens oder Teil einer Kultstätte ist. Der *munshid* ist in den Orden eingebunden, er ist eins seiner initiierten Mitglieder. Der *dhikr* behält in diesem Zusammenhang seine ursprüngliche Funktion bei: Er ist nach Poché eine »gemeinschaftliche mystische Feier, die zur Vereinigung des Gläubigen mit Gott führen soll. Dieses Ziel wird durch diverse psychophysiologische Techniken sowie durch Singen, Rezitieren und Musikspielen erreicht.« Der *dhikr* kann individuell vollzogen werden, indem jeder im Geiste einen *wird* aufsagt, eine vorgeschriebene Abfolge von Gebeten. Oder er wird kollektiv abgehalten, dann äußert sich der musikalisch hervorgerufene Trancezustand darin, daß sich die *muridin*, die Schüler des Ordensleiters, hin und her wiegen. In Oberägypten bezeichnet der Volksmund die Teilnehmer an einem *dhikr* oft als *fuqara* (die Armen), wodurch er an die grundlegenden Ideale des Sufismus erinnert: Armut und Askese. Und das von diesem Adjektiv abgeleitete Verb *faqqar* bezeichnet ihren Tanz im Zweiertakt, mit seinen ruckartigen Wellenbewegungen nach links und rechts.

Die *hadra* des Ordens Hamidiyya Shaziliyya, die Sulayman Gamil aufgenommen und kommentiert hat, liefert ein wertvolles Beispiel für eine *hadra* ohne Instrumentalbegleitung. Sie erinnert stark an den *dhikr* des Laythiyya-Ordens, der 1932 auf dem Kairoer Kongreß aufgenommen wurde. In diesem Orden war der Chor der Vortragenden in zwei Dreiergruppen aufgeteilt: auf der einen Seite die tiefen Stimmen (*ardiyya*), auf der anderen die *munshidin*, die vom *shaykh* Ahmad al-Basatini geleitet wurden. Der *dhikr* beginnt mit der Rezitation einer kurzen Koranstelle, gefolgt von Anrufungen und rituellen Lobgesängen auf den Propheten. Danach beginnen die Teilnehmer, gemeinsam Beschwörungsformeln zu wiederholen wie »Allah« oder »Allah hayy« (Gott lebt) oder »la ilaha illa-llah« (Es gibt keinen Gott außer dem einen Gott), wobei das Tempo sich ständig steigert. Das Händeklatschen ist unentbehrlich, wenn man durch den Rhythmus in Trance geraten will, aber Schlaginstrumente werden im *inshad* der Kunstmusik nur selten eingesetzt. Der *munshid* erhebt seine Stimme über das Getöse der Anrufungsformeln und singt im hohen Register Gedichte in klassischem Arabisch oder *tawashi*, bei denen er sich von seiner *betana*, seinem Chor, unterstützen läßt.

Der *inshad* der Volksfeste

Der *mawlid* ist die Feier zum Geburtstag des Propheten oder eines Lokalheiligen, ein großes Fest, bei dem religiöse Begeisterung und Jahrmarktstimmung ineinanderfließen. Am stärksten besucht sind der *mawlid* von Sayyid al-Badawi in der Stadt Tanta in Oberägypten und die *mawlids* von Sayyidna al-Husayn, Sayyida Aisha und Sayyida Zaynab in Kairo. Im 19. Jahrhundert waren die Reisenden aus dem Abendland tief beeindruckt von diesen bunten Volksfesten, wo das Äußerste an religiöser Inbrunst zu sehen war. Edward Lane beschrieb 1835 sehr ausführlich den *mawlid al-nabi* (Geburtstag des Propheten) und den *mawlid al-Husayn* (Geburtstag von Mohammeds Enkel). Er hatte einen *dhikr* des Ahmadiyya-Ordens beobachtet, bei dem vier *munshidin* und ein Flötenspieler anwesend waren. Er hebt besonders hervor, wie manche Teilnehmer, die Derwische (*darawish*), in einen Trancezustand gerieten und schließlich in Ohnmacht fielen. Am Tag nach den *dhikr*-Zeremonien der einzelnen Orden wurde die *dosa* zelebriert, die »Zeremonie des Trampelns«, bei der der *shaykh* des Sadiyya-Ordens auf dem Pferd über die Rücken der Derwische ritt und sich anschließend zum ordenübergreifenden *dhikr* ins Haus des *shaykh* al-Bakri begab, des Oberhaupts aller ägyptischen Orden.

Heutzutage schiebt sich ein Prozessionszug nach dem anderen durch die überfüllten Straßen, an den Straßenekken werden besondere Gerichte wie die berühmten Kichererbsen der *mawalid* verkauft, zwischen den Balkons sind

Girlanden und bunte Lichterketten gespannt, und rund um die großen Plätze stehen Koranleser und Jahrmarktbuden dicht gedrängt nebeneinander. Die Orden verfügen über Zelte (*siwan*) in der Nähe der Moschee oder über einen für sie reservierten Standort. In jedem Zelt treten nacheinander mehrere *munshidin* auf, die entweder Mitglied des Ordens sind oder zu den renommierten »über den Orden stehenden« Sängern gehören. Letztere werden vom Orden bezahlt, aus den Spenden (*nuqta*) der Teilnehmer. Wenn ein *munshid* von einem anderen Orden als seinem eigenen eingeladen wird, ist das ein großer Schritt in seiner Laufbahn. Die bedeutenden Künstler, die es zu landesweitem Ruhm gebracht haben, gehören keinem Orden mehr an und lassen sich einen bestimmten Ablauf der *dhikr*-Zeremonie nicht mehr vorschreiben. Vielmehr können sie ihr eigenes Repertoire durchsetzen, welches dann allerdings so neutral ist, daß jedwede Gruppe es akzeptiert.

Die Weiterentwicklung des *inshad*

Die herausragenden Sänger, die für den *inshad* der Orden ausgebildet wurden, erlebten die Krönung ihres Erfolgs nur im *inshad* der Kunstmusik, der von den Sufis nicht praktiziert wurde: Die Grammophonaufnahmen von Ali Mahmud, von al-Farran, von Muhriz Sulayman, später auch von den *shuykh* Taha al-Fashni oder Nasr al-Din Tubar zeigen eine Kunst, die nicht zum *dhikr* gehört, auch wenn sie manches vom *dhikr* übernommen hat: *tawashih*, *qasaid*, *madih* und *ibtihalat* (vergleiche CD, Stück 12). Ihre Musik hat so viel mit der Kunstmusik gemeinsam, daß man nur schwer bestimmen kann, ob es dieses Repertoire schon gab, bevor die Kunstmusik im 19. Jahrhundert ihre Renaissance erlebte. Vielleicht begann man nicht zuletzt deshalb zwischen religiösem Kunstgesang (*inshad*) und halbkünstlerischem beziehungsweise volkstümlichem Gesang (*dhikr* und *madhi*) zu unterscheiden, weil an der Schwelle zum 20. Jahrhundert viele große Hymnensänger Mitglied in den weltlichen Zünften wurden.

Der religiöse Kunstgesang schlug ab 1973 einen Weg ein, der mit der Entwicklung im weltlichen Bereich vergleichbar ist: Ende der sechziger Jahre wurden in den Musikschulen Chöre gegründet, die das Erbe vom Anfang des 20. Jahrhunderts wiederbeleben sollten, und diese Chöre dienten dem Kulturministerium als Vorbild für das *firqat al-inshad al-dini* (Ensemble für religiösen Gesang), das vom Ensemble für arabische Musik abhing und das Repertoire der großen *munshidin* des 20. Jahrhunderts im Chor aufführt. Zwanzig Sänger und fünfundzwanzig Instrumentalisten, von einem »Maestro« dirigiert, liefern eine moderne Neuauflage von Stücken, die einst als Solodarbietungen geschaffen worden waren, um eine Gemeinschaft in Trance zu versetzen. Das Beispiel ist bezeichnend für die Versuche des Musikestablishments, eine Ausdrucksform wieder an sich zu reißen, die sich außerhalb ihrer Einflußsphäre entwickelte. Sicherlich spricht daraus auch Argwohn gegenüber dem Sufismus, der in Oberägypten und in den ärmsten Vierteln von Kairo nach wie vor stark verwurzelt ist. Tatsache ist jedoch, daß diese Art von Darbietungen das Publikum der Jahrmärkte und eine städtische Bildungselite, die auf ihr kulturelles Erbe aufmerksam geworden ist, erreicht, während die Landbevölkerung nach wie vor einer Form des *inshad* den Vorzug gibt, die zwar rudimentärer ist, dafür aber auch besser geeignet, die *dhikkira*, die Liebhaber des göttlichen Namens, zur mystischen Vereinigung mit ihrem Schöpfer zu führen.

DER INSHAD DER VOLKSMUSIK: DIE *MADDAHIN*

Die *maddahin* sind nicht im nationalen Rundfunk zu hören, sie stehen beim städtischen Publikum und der Mittelschicht in geringerem Ansehen als die etablierten Komponisten und *munshidin*, aber sie erfreuen sich immer noch großer Beliebtheit, und wenn ein *dhikr*, ein *mawlid* oder ein privater Konzertabend (*layla*) veranstaltet werden soll, ist ihre Anwesenheit unverzichtbar. Ungefähr vierzig von diesen Künstlern, die zum größten Teil aus Oberägypten stammen, ziehen durchs Land und werden schon Monate im voraus von den Familien gebucht, um ihre Lobgesänge auf den Propheten und die Heiligen (*madih*) zu präsentieren. Derzeit sind die *shuyukh* Yasin al-Tuhami (geboren um 1949) und al-Tuni (geboren um 1930) die gefragtesten Stimmen im ganzen Land (siehe CD, Stück 13).

Dem Rhythmus und den Schlaginstrumenten kommt im volkstümlichen *dhikr* eine wesentliche Bedeutung zu. Wenn die Zeremonie im Rahmen einer *hadra* stattfindet, hängt es von der Ordensregel ab, ob Musikinstrumente eingesetzt werden oder nicht. Es gibt nämlich Orden, die nur den *dhikr* gelten lassen, der a capella vorgetragen wird. Außerdem dürfen in der Moschee keine anderen Instrumente eingesetzt werden als die *riqq* oder die *duff*. Für die Aufführung im privaten Rahmen sind die Instrumente unverzichtbar, auch wenn bestimmte Abschnitte wie die Anflehungen (*dua*) oder die Aufzählung der 99 Namen Gottes ohne Instrumentalbegleitung gesungen werden. Die Kunst des *maddahin* besteht darin, durch den Rhythmus einen Trancezustand heraufzubeschwören und seine Melodie dem immer schnelleren Tempo der Trommeln anzupassen, das er selbst vorgibt. Es kommt nämlich oft vor, daß der Sänger selbst *riqq* spielt, um die drei bis fünf Instrumentalisten und Chormitglieder, die ihn begleiten, zu führen. Die *maddahin* werden natürlich von zahlreichen Trommelspielern unterstützt: Trommeln und Rahmentrommeln wie *darabukka*, *duff*, *hanna* werden häufig eingesetzt, ebenso die Fingerzimbeln *kasat*. In Oberägypten findet man außerdem eine um den Hals getragene kupferne Kesselpauke (*naqrazan*), die mit zwei Stäben aus Palmenholz geschlagen wird, und in der gleichen Art auch kleinere Pauken, die *bazat* heißen. Die Melodiebegleitung übernimmt im Normalfall die *nay kawala*, die große Flöte mit sechs Löchern, aber durch den kombinierten Einfluß der Kunstmusik und der städtischen wie ländlichen Volksmusik haben auch Geige, Akkordeon, *mizmar* und seltener sogar der *ud* Eingang in die Ensembles gefunden.

Der *maddah* kann drei mehr als einstündige *waslat* vortragen. Er singt dann abwechselnd äußerst kunstvolle mittelalterliche Gedichte auf Hocharabisch und rein dialektale oder von Dialekt durchsetzte Vierzeiler, die er oft teilweise improvisiert. Der sprachliche Schwierigkeitsgrad des Gesangsmaterials steht nur scheinbar im Kontrast zum Bildungsniveau der Zuhörer. Jeder folgt der Rezitation, so gut er kann, und wie Waugh betont, »verfolgt kein Zuhörer Wort für Wort, was gerade gesungen wird. Vielmehr führt die Melodie den Geist des Zuhörers zum mystischen Gedanken, bewirkt eine Reihe spiritueller Erfahrungen, in denen sich ihm die göttliche Wahrheit offenbart.« Manche *maddahin* wie der *shaykh* Ahmad Barrayn aus Esna (siehe Diskographie) komponieren selbst lange Hymnen in arabischem Dialekt. In seinem Gedicht »al-usfur« (Der Spatz) malt er sich eine mystische Reise von einem Heiligen zum nächsten aus, die ihn von Luxor zum Grab von Mursi Abu al-Abbas in Alexandria führt, und überträgt dabei die zarten Metaphern der Sufi-Gedichte in volkstümliche Bilder.

Von den *munshidin* der Kunstmusik unterscheiden sich die *maddahin* nur durch ihre weniger einfallsreichen Variationen und dadurch, daß sie die Modi nicht kennen, die sie mit beispielhafter Genauigkeit intuitiv anzuwenden wissen. Wie die *munshidin* beginnen sie ihre *wasla* mit einem rhythmisch freien Gesang, der auf einem klassischen Gedicht oder einem umgangssprachlichen *mawwal* beruhen kann, und gehen dann zu einem langen Gedicht im *wahda*-Rhythmus über, das getragen anfängt und dann konstant schneller wird, sich von 60 auf 140 Schläge pro Minute steigert, ohne daß man es merkt. Der Rhythmus wird dabei synkopischer, und die Perkussionisten müssen aufpassen, daß sie die Stimme des *maddah* nicht übertönen, sondern die Wirkung seines Gesangs verstärken und ihn dabei unterstützen, einen Rauschzustand heraufzubeschwören, der auch auf die Zuhörer übergreift. Während der Darbietung schiebt der *maddah* Wiederholungen in das Gedicht ein, Zeilen, die ihn in Ekstase versetzen, und dann wieder dialektale Vierzeiler, die ein ständiges Hin und Her zwischen den Sprachebenen bewirken. Während der ganzen Darbietung unterstützen die Versammelten ihn durch Händeklatschen, und die Initiierten wiederholen »Allah« in einem rauhkehligen, hypnotischen Baß. Das Stück endet mit einem Flehen um Hilfe (*madad*). Das Tempo ist auf seinem Höhepunkt, und der *maddah* wiederholt mehrere Dutzend Male »ya madad«, womit er den Propheten, seine Enkel Hasan und Husayn, seine Tochter Sayyida Zaynab sowie die wichtigsten Figuren des ägyptischen Volksglaubens bittet, ihm beizustehen. Der *maddah* ist nun bereit, ein zweites Gedicht in Angriff zu nehmen, und die letzte *wasla* endet schließlich mit einer Koranrezitation.

Sowohl bei den Instrumentalisten als auch bei den Sängern zeichnet sich der Trend ab, immer mehr Zitate aus der Unterhaltungsmusik unauffällig in ihr Repertoire einzuflechten, insbesondere aus der Musik Umm Kulthums. Eine *lazima* auf der Geige begleitet Yasin al-Tuhami, wenn er eine Melodieformel des Komponisten Riyad al-Sunbati aufgreift; die *ahat* (Seufzer) von Ahmad Barrayn erinnern deutlich an eine Phrase von Muhammad Abd al-Wahhab; der *maddah* Sayyid Imam improvisiert Vierzeiler über die Wohltaten der Pilgerreise zur Melodie von »ala baladi l-mahbub«, einem Liebeslied von Umm Kulthum. Die religiöse Musik speist sich unaufhörlich aus der Musikproduktion, die über die Medien verbreitet wird, und manchmal treten auch die *maddahin* in Funk und Fernsehen neben den Unterhaltungssängern auf.

3. Kapitel

DIE KLASSISCHE ARABISCHE MUSIK VON DER NAHDA BIS HEUTE

DIE STÄDTISCHE MUSIK IM 19. JAHRHUNDERT

Das arabische Wort Nahda (Renaissance) bezeichnet in der Geschichte der ostarabischen Länder eine Epoche, die von der Regierungszeit Muhammad Ali Pachas (1805-1848) bis in die 1930er Jahre reicht. Das Genie einiger Musiker, der Ehrgeiz des Khediven Ismail (1863-1879) und der allmählich wachsende Wohlstand der Hauptstadt Kairo führten zusammen zur Entstehung einer Hofmusik, die manchmal »Schule der Khediven« genannt wird. Diese Schule, die vom legendären Abduh al-Hamuli (1847-1901) dominiert wurde, versuchte, die städtischen und ländlichen, die geistlichen und weltlichen Musikkulturen Ägyptens und ihre Entlehnungen bei den Syrern, Türken und Persern zu einer neuen Form zu verschmelzen.

Das Aufkommen dieser Hofmusik schlug sich auf die anderen Musiktraditionen nieder, ebenso auf den Berufsstand des Musikers und die Bedingungen, unter denen seine Musik gespielt und gehört wurde. Der Musiker stürzte sich in die für ihn abenteuerliche Welt der Intellektuellen und Mächtigen und versuchte, seinen (oftmals berechtigten) Ruf als ungebildeter Säufer gegen das Bild des reformorientierten und aufgeklärten Bürgers einzutauschen.

In der zweiten Hälfte des 19. Jahrhunderts verwandelte sich Kairo dank Ismail und seinen Nachfolgern von einem verschlafenen Provinznest am Rande des osmanischen Reiches zum Athen des Nahen Ostens. Der ägyptische Markt öffnete sich für Importwaren aus Europa, die Einrichtung »Gemischter Gerichte« lockte ausländische Investoren an, neue Gesetze zogen einen Schlußstrich unter das alte System der Zünfte. Die Welt der Kunst war unmittelbar betroffen: Da ausländische Unternehmen ihren Gewinn nicht versteuern mußten, drängten die europäischen Plattenfirmen auf den Markt im Nahen Osten. Da die Gilde der Musiker aufgelöst worden war, stand es jedem offen, Aufnahmen zu machen, ohne seinen *shaykh* darüber zu informieren. Daraus ergab sich ein schnellerer Wandel des Musikgeschmacks, der nach dem Ersten Weltkrieg hauptsächlich von der Plattenindustrie bestimmt wurde.

Musikalische Einflüsse aus dem Ausland

In der zweiten Hälfte des 19. Jahrhunderts teilte sich die Kairoer Gesellschaft in »Türken« – worunter keine ethnische Gruppe, sondern eher eine Kultur- und Sprachgemeinschaft zu verstehen ist –, Europäer, arabischsprachige Ausländer (Syrer, Libanesen oder Juden aus dem Maghreb) und schließlich einheimische Ägypter, *abnaal balad*. Jeder pflegte seine Musiktradition in einem spezifischen Kontext: Für die assimilierten Osmanen und die Oberschicht des einheimischen Bürgertums war das der private, für das Volk der öffentliche Kontext. Während des gesamten 19. Jahrhunderts strömten namhafte osmanische Musiker an den Kairoer Hof, um vor der Elite aufzutreten, aber auch um sich mit den ortsansässigen Instrumentalisten auszutauschen. Jedes Mitglied der Herrscherfamilie nahm einen Musiker oder renommierten Komponisten unter seine Fittiche, und die Orden luden Flötenspieler wie Aziz Dede oder Hymnensänger wie Mustafa Naksi Dede ein.

Aber osmanische Musiker gab es nicht nur im Umfeld der Orden und des Herrscherhauses. Es traten auch regelmäßig Ensembles im Azbakiyya-Garten auf, einem trokkengelegten Sumpf, der in einen englischen Park mit zahlreichen Musikpavillons umgewandelt worden war. Eine nicht zu unterschätzende Rolle spielten außerdem die syrischen Musiker, die das bunte Musikleben Kairos mit ihrer Kunst bereicherten: syrisch-libanesische Hochzeitssängerinnen, die ihre Lieder aus Aleppo (*qudud*) mitbrachten und selbst die gerade aktuellen Volksweisen aus Kairo lernen wollten, Komponisten, die *muwashshahat* schrieben, wie zum Beispiel Uthman al-Mawsili oder der Pionier des Musiktheaters Abu Khalil al-Qabbani aus Damaskus. Und auch die Familie Shawwa, griechisch-orthodoxe Instrumentalisten aus Aleppo, haben einen enormen Beitrag zur Musik der Nahda geleistet. Es läßt sich nicht beweisen, ob Antun al-Shawwa tatsächlich die Geige in ihrer europäischen Form in den ägyptischen *takht* eingeführt hat, aber er war einer der ersten Virtuosen auf diesem Instrument, und 1868 begleitete er Hamuli, den Hofsänger des Khediven. Sein Sohn Sami al-Shawwa, ab Anfang des 20. Jahrhunderts in Ägypten zu Hause, hatte bis in die dreißiger Jahre als Geiger eine Monopolstellung.

Die europäische Musik, die in Kairo ebenso vertreten war wie die türkische, übte während der Nahda einen viel diskreteren Einfluß aus; sie wurde von der europäischen Elite gehört und breitete sich folglich auch in der ägyptisch-osmanischen Oberschicht aus. Zunächst haben sich wohl die Produktions- und Konsumgewohnheiten der Europäer auf die örtliche Musikszene übertragen, ihre Ästhetik lieferte erst nach dem Ersten Weltkrieg spürbare Impulse. In der zweiten Hälfte des 19. Jahrhunderts gab es zahlreiche Musikensembles und Theatertruppen, die in Kairo gastierten oder sich dort niederließen. Das ägyptische Publikum hatte Zugriff auf alle Arten westlicher Musik: Muhammad Ali Pacha hatte Militärmusikschulen gegründet, 1869 war unter dem Khediven Ismail das Kairoer Opernhaus fertig geworden (Offenbachs »La belle Hélène« wurde zur Eröffnung gespielt, und Verdi wurde für Weihnachten 1872 mit der Komposition von »Aida« beauftragt), in den Spelunken des Azbakiyya traten frivole Tänzerinnen auf, im Mayol gab es Varieté. Die Intellektuellen waren tief beeindruckt von der Pracht der Oper, und in einem anderen Kontext wurde den Kaffeehausbesitzern rasch klar, welchen Gewinn ihnen das aus Frankreich importierte *café-concert* bringen konnte.

Die Berufsmusiker und ihre Verbände

Auf der untersten Stufe in der Rangordnung der Musiker standen die *sahbagiyya*, halbprofessionelle Ensembles, die auf einfachen Hochzeiten auftraten und deren Mitglieder in gebildeten Kreisen als »haschischsüchtige Saufbolde« verschrieen waren. Sie saßen sich in rivalisierenden Gruppen auf Bänken gegenüber, zwischen ihnen »ein Tisch voller Kerzen, Gläser und Flaschen mit billigem Fusel«, und spielten im Wettstreit *muwashshahat* aus dem gemeinsamen syrisch-ägyptischen Repertoire, wobei sie sich auf einer *duff* genannten Rahmentrommel begleiteten. Ein Purist wie der Komponist Kamil al-Khulai empfand ihre Darbietung allerdings als pervertiert:

> Wenn der erste Teil abgeschlossen ist, erhebt ein Gehilfe des Meisters seine Stimme und fängt an, einen *mawwal* von unsäglicher Dummheit zu singen – auf einer Hoch-

zeit völlig fehl am Platz. Man beachte, daß ihr Lieblings-*mawwal* von einem gewissen Mahran, dem Gehenkten, handelt! (...) Am Ende jedes Abschnitts hält der Leiter der Gruppe seine Rahmentrommel hoch, das vereinbarte Zeichen, daß das andere Ensemble nun übernehmen soll. Doch ist es Sitte, daß die Gruppen im Laufe der Nacht handgreiflich werden, so daß die Ordnungshüter auftauchen und die ganze Bagage ins Kittchen abführen. Und so endet dann das Hochzeitsgelage.

In den Städten gab es auch ehrbarere Berufsmusiker, über die man allerdings wenig weiß. Sie praktizierten ihre Kunst vor einem überwiegend männlichen Publikum in den Cafés, in Privathäusern, wo es auch den Frauen gestattet war, sie von ihren Gemächern aus durch den Schlitz ihrer *moucharabieh* zu beobachten, und schließlich auf der Straße, auf den Plätzen vor den Moscheen oder in der Nähe des Azbakiyya-Gartens. Die öffentlichen Konzerte fanden in den *suradiqat* statt, großen rechteckigen Zelten aus grell verziertem rotem Tuch, die vorne offen waren. Im hinteren Teil des Zeltes war ein Podest aufgestellt, wo die Musiker sich niederließen. Vor der Regierungszeit Ismails bestand ihr Repertoire offenbar aus *muwashshahat* und *adwar*. Wie die anderen Berufszweige hatten auch sie sich in einer Zunft (*taifa*) zusammengeschlossen. Diese war einem *shaykh* unterstellt, den die Regierung in Absprache mit etablierten Musikern ernannte. Der *shaykh* bewahrte die Profis vor der Konkurrenz der Laien und war als einziger befugt, Auftrittsgenehmigungen für die Cafés zu erteilen. Er war auch verantwortlich für die Aufnahmezeremonie (*tahzim*), bei der den neuen Mitgliedern ein Gürtel überreicht wurde, ohne den sie nicht als Solosänger auftreten durften. Dazu begaben sich der *shaykh* und seine Assistenten in die Wohnung des Aufnahmekandidaten, um zu überprüfen, ob er in Theorie und Praxis auf der Höhe war. Sie forderten ihn auf, sieben *waslat* vorzusingen, die sich aus unterschiedlichen Stücken mit diversen

Rhythmen und Modi zusammensetzten. Wenn der Vortragende für fähig befunden wurde, sprach der *shaykh* die Formel »yestahel« (fähig) aus, und man legte ihm offiziell den Gürtel der Zunft um. Mit dem Aufschwung der Schallplattenindustrie hatte sich dieses Ritual endgültig überlebt.

Die Musikerinnen

Im 19. Jahrhundert lebten die Frauen der besseren Gesellschaft zurückgezogen in ihren vier Wänden und gingen nur selten außer Haus. Eine Frau, die sich draußen auskannte, die arbeitete und ohne Schleier auftrat, stammte mit Sicherheit aus der Unterschicht, war nur dürftig gebildet und galt als lose. Abgesehen von einigen Berühmtheiten unter den Hochzeitssängerinnen, ließen die Musikerinnen im allgemeinen die Finger von der Kunstmusik und konzentrierten sich auf das populäre Repertoire. Die Frauenfeindlichkeit im Milieu der Musiker konnte schwerlich ein Anreiz für sie sein, den Hofsängern Konkurrenz zu machen: »Heutzutage haben die berühmten Sängerinnen in Ägypten alles andere als eine schöne Stimme, außerdem nicht die leiseste Ahnung von den Grundregeln ihrer Kunst, und alles, was man zu ihrer Verteidigung vorbringen kann, ist eben, daß sie Frauen sind.«

Die *alima* (wörtlich: Frau mit Gesangsausbildung) ließ sich »usta« nennen, ein Wort, das üblicherweise jenen Handwerkern vorbehalten war, die Eigentümer ihres Geschäfts waren. Dank diesem Titel genossen sie einen Status als Berufsmusikerinnen, der dem der Männer gleichkam. Die *awalim* dürfen keineswegs mit den *ghawazi* verwechselt werden, professionellen Tänzerinnen an der Schwelle zur Prostitution, zu denen wohl auch Kutchuk Hanem gehörte, die Frau, die der Schriftsteller Gustave Flaubert zu verführen versuchte. Lane berichtete 1835, daß die *alima* ins Haus einer reichen Familie bestellt wurde und in einem an die Frauengemächer angrenzenden Raum Platz nehmen sollte. Dort sang sie zusammen mit den anderen Frauen, durch Holzgitter vor den Blicken des Hausherrn geschützt. Manchmal trat sie auch, dann allerdings mit Schleier, vor männlichem Publikum auf. Die *awalim* waren entweder Instrumentalistinnen, die eine Sängerin begleiteten, oder sie waren selbst Sängerinnen. Die gefragtesten unter ihnen verdienten stattliche Summen, während ihre zweitklassigen Kolleginnen sich nicht genierten zu tanzen, wodurch sie einige Verwirrung unter den europäischen Reisenden des 19. Jahrhunderts stifteten, die *awalim* und Kurtisanen nicht mehr auseinanderhalten konnten.

Das Repertoire dieser Künstlerinnen unterschied sich offenbar von dem der Männer. Ihr *takht* klang voller, und es wirkten mehr Perkussionisten mit, insbesondere ein *darabukka*-Spieler, was vor 1930 in der Kunstmusik unvorstellbar gewesen wäre. Wie sich der *takht* zusammensetzte, hing wohl vom Renommee der *alima* und vom angesprochenen Publikum ab. Die traditionsbewußten Sängerinnen begnügten sich mit einem Ensemble nur aus Frauen, andere, die mehr im Rampenlicht standen, hatten auch männliche Begleitmusiker. Über ihre bisweilen etwas pikanten Texte empörten sich mitunter die Männer, die nicht ahnten, wie schändlich es in ihrem Harem zuging. Muhammad Umar schrieb dazu 1902:

> Was heutzutage bei uns gesungen wird, ist eine wahre Schande, eine Beleidigung für unsere Tapferkeit und Männlichkeit. (...) Die Lieder, die die Frauen auf den Hochzeiten singen, können nicht zitiert werden, so maßlos sind sie, so unverschämt, ja manchmal obszön. (...) Hier ein Beispiel für das, was man auf den Festen singt:
>
> Hast du Angst vor meiner Mutter?
> Die kann schweigen wie ein Grab.
> Hast du Angst vor meinem Vater?

Der ist unterwegs nach Mansura.
Hast du Angst vor meiner Schwester?
Die ist für ihre Flirts bekannt.
Hast du Angst vor meinem Mann?
Mein Mann ißt Haschisch.
Weißt du nicht mehr, wo ich wohne?
Mein Haus ist das mit dem Graben davor.

Dieser Text, der die List der Ehebrecher verherrlicht, mag an einem Hochzeitsabend nicht besonders geschmackvoll sein, aber im Repertoire der *awalim* gab es Texte, die um ein vielfaches frivoler waren. Die *taqtuqa* der *awalim*, ein Lied mit Refrain, erzählt entweder von der Bitte eines jungen Mädchens, das nach einem Mann Ausschau hält und seine Eltern auffordert, es mit einer respektablen Mitgift auszustatten, oder sie liefert eine verspielte Aufzählung aller weiblichen Körperteile, bei der sich der erotische oder komische Effekt ständig steigert und der Mann für jede Entblößung bezahlen muß. Der weibliche Körper erscheint in diesen Stücken wie eine Ware, deren Wert nur den Frauen bekannt ist: Es ist die gesellschaftliche Funktion der *alima*, den noch jungfräulichen Mädchen zu zeigen, wie man die Männer zur Kasse bittet.

Die Schule der Nahda

»Schule« ist hier zu verstehen als eine Gemeinschaft, deren Mitglieder in puncto Komposition und musikalische Umsetzung ähnliche ästhetische und stilistische Anschauungen haben. Gemeint sind alle Musiker, die ab der Regierungszeit des Khediven Ismail an der Erarbeitung einer Hofmusik beteiligt waren, in der sämtliche mit dem ägyptischen Geschmack vereinbaren orientalischen Traditionen zusammenflossen.

Das klassische Konzert der arabischen Musik

Eine Abendveranstaltung mit klassischer Musik, wie sie in den Büchern von Khulai, Rizq oder Taymur erwähnt wird, fand im auslaufenden 19. Jahrhundert gewöhnlich im großen Empfangszimmer (*salamlik*) eines wohlhabenden Hauses oder in einem Zelt (*suradiq*) statt, das man eigens in einem Garten oder auf der Straße errichtet hatte. Die Mitglieder des *takht*-Ensembles ließen sich auf Stühlen oder Teppichen nieder. Der Abend begann mit einem Festmahl, an dem auch die Künstler teilnahmen. Dazu der boshafte Kommentar des Erzählers Ahmad Amin: »Das Konzert begann gegen zehn Uhr abends, nachdem die Musiker viel gegessen und viel Alkohol getrunken hatten.« Der Romancier Tawfiq al-Hakim beschreibt ebenfalls Sängerinnen, die sich hemmungslos den Bauch vollschlugen und den Zeitpunkt ihres Auftritts auf fast schon dreiste Art hinauszögerten. Das Konzert bestand aus drei »Suiten« (*waslat*). Die dritte, die im Morgengrauen ausklang, war bei den Freunden des Genres die beliebteste, da die Stimme des Sängers zu so später Stunde am geschmeidigsten war. Eine *wasla* sollte nicht länger als eine oder anderthalb Stunden dauern; die Pausen zwischendurch dienten als Vorwand für Schlemmereien und Geplauder. Wer als *mutrib* Erfolg haben wollte, mußte also geistreich und schlagfertig sein und in allen Punkten dem Zecher der arabisch-muslimischen Tradition entsprechen, so wie ihn die mittelalterlichen Chroniken im *Buch der Lieder* beschreiben. Eine wichtige Rolle spielten die *mutayyibin* (die Claqueure), deren vorrangige Aufgabe es war, durch Seufzer ihr Wohlbefinden kundzutun und den *mutrib* durch Zwischenrufe anzufeuern, damit dieser merkte, daß er beim Publikum gut ankam. Die Gage nahm der Leiter der *mutayyibin* entgegen, damit dem Sänger die Schmach erspart blieb, das Geld aus der Hand des Gastgebers zu empfangen, denn er sah sich als dessen Freund, nicht als dessen Diener oder Schuldner.

Abduh al-Hamuli

Abduh al-Hamuli, die Galionsfigur der Musik im letzten Viertel des 19. Jahrhunderts, war maßgeblich beteiligt an der Musiksynthese der Nahda und am langsamen Wandel des Musikerbildes in der Gesellschaft. Er wurde um 1845 als Sohn eines Kaffeehändlers in Tanta geboren, büchste mehrmals aus und verbrachte seine Jugend damit, das Singen bei Lehrern zu erlernen, die mit seiner erstaunlichen Stimme in den Kneipen Geld verdienten. Als er sein eigener Herr geworden war und ein hohes Ansehen genoß, bestellte ihn der Khedive Ismail in seinen Palast nach Abdin und nahm ihn in seinen Dienst auf. Es wurde ihm untersagt, ohne die Erlaubnis des Herrschers auf öffentlichen oder privaten Veranstaltungen zu singen – entwürdigende Arbeitsbedingungen, die bald wieder aufgehoben wurden. Als Hofsänger paßte er sich den bürgerlichen Normen an, tauschte seine ägyptische *gallabeyya* gegen den Gehrock und Fes der Türken, nannte sich Effendi, lernte ein wenig Türkisch und wurde wiederholt an den Hof der Hohen Pforte entsandt, um vor dem Sultan Abdulhamid II. aufzutreten.

Diese mehrmaligen Besuche beim türkischen Herrscher hatten ein doppeltes Ziel. Der Künstler sollte sich erstens mit dem osmanischen Repertoire vertraut machen, um Rhythmen und Modi mit nach Hause zu bringen und sie zu »ägyptisieren«. Zweitens sollte der Lehnsherr und Rivale des ägyptischen Vizekönigs sehen, zu welch großer Eleganz man es in der Gesangskunst am Nil gebracht hatte.

Hamuli war nicht der einzige, der von den Zuwendungen des Khediven profitierte. Der Fürst nahm auch seine Frau Almaz, eine berühmte *alima*, seinen Konkurrenten, den Komponisten Muhammad Uthman, sowie diverse Rezitatoren und Instrumentalisten unter seine Fittiche.

Die Gunst des Khediven förderte die Berühmtheit dieser Künstler, machte sie in den Augen des örtlichen Adels salonfähig und löste unter ihnen einen förderlichen Konkurrenzkampf aus. Dank ihrer Schule wuchsen die ästhetischen Ansprüche des Publikums. Weil die Schule ein so hohes Ansehen genoß, war es später auch den Hymnensängern der *adhkar* und den großen Koranlesern möglich, im *takht* ihr Glück zu versuchen.

Die Verschmelzung der Musikstile

Es kam nicht nur zur Zeit der Nahda zu einem Austausch zwischen geistlicher und weltlicher Musik, aber kennzeichnend für diese Epoche war, daß die Hymnensänger nun die Gewohnheiten der weltlichen Musiker übernahmen: Sie ersetzten ihren schwärmerischen Chorgesang durch das Instrumentalensemble des *takht*; sie ließen sich nicht mehr aus den Spenden des Publikums bezahlen, sondern erhielten von einem angesehenen Gastgeber eine Gage; sie experimentierten mit neuen Formen und erweiterten ständig ihr Repertoire. Der *shaykh* Yusuf al-Manyalawi (1847-1911) ist ein gutes Beispiel für das neue Auftreten dieser asketischen Sufi-Sänger. Er hatte sein Handwerk im *dhikr* der Laythiyya-Orden gelernt, akzeptierte es aber, von sinnesfreudigen Musikern umgeben zu sein, die seine Abneigung gegen Vergnügungen, Alkohol und künstliche Paradiese nicht teilten – Haschisch und Kognak waren aus dem Musikerdasein oft nicht wegzudenken –, und nach dem Konzert teilte er dann seine Gage mit einem christlichen Geiger aus Aleppo oder einem Kairoer Juden. Der Schule der Nahda ist es in ihrer Anfangsphase gelungen, verschiedene Musikkulturen miteinander zu verbinden, indem sie die wesentlichen Bestandteile des *dhikr* in die Form der *wasla* goß. Die von den Hymnensängern vorgetragenen *qasaid* der Sufis Ibn al-Farid oder Ibn al-Nabih al-Misri waren nicht mehr mit »Allah hayy« (Gott lebt) unterlegt, sondern wurden zu *qasaid* für den *takht* – während die weltlichen Sänger, die Effendis, ihrerseits die mystischen Liebesgedichte der Hymnensänger übernahmen.

Manche berühmten Musiker fingen an, ein bürgerliches Leben zu führen, doch von der Musik zu leben galt als wenig ehrenwert. Daß diese Kunst im Islam als suspekt angesehen wird, erklärt noch nicht allein die Geringschätzung des Musikerberufs. Gesellschaftlich geächtet wurden sie erstens, weil man ihnen fragwürdige Sitten unterstellte, zweitens, weil sie von ihrer Musik lebten. Hamuli und Manyalawi litten darunter und suchten nach anderen Einkommensquellen: Der *shaykh* Yusuf wurde ein bedeutender Zinnhändler, Hamuli betrieb eine Zeitlang ein ruinöses Geschäft mit Textilien.

Die Salons und *suradiqat* waren nicht mehr die einzigen Orte, wo Musik gemacht und gehört wurde. Neue Auftrittsorte kamen hinzu: die Bühnen der *cafés-chantants*, die sich nach dem Pariser Vorbild zu *cafés-concerts* entwikkelten, die kleinen Bars an den Ufern des Nils, die sogenannten »Casinos«, und schließlich die nach italienischem Muster konzipierten Theatersäle. Das hatte zwei Folgen: Erstens war der professionelle Gesang nun nicht mehr auf außergewöhnliche Anlässe wie Familienfeste, nationale oder religiöse Feiern beschränkt, sondern wurde zu einem Wirtschaftszweig und zugleich zu einem Produkt, das jederzeit konsumiert werden konnte. Zweitens bildete sich dadurch, daß die Zahl der Vergnügungsstätten zunahm und die Stimmen, die früher nur für die Elite gesungen hatten, in die Öffentlichkeit vordrangen, ein kompetenteres Publikum heraus, das nun endlich die Musikproduktion beeinflussen konnte. Die Eintrittskarte ersetzte die

Gunstbezeigung des Khediven, und das Publikum wurde zum kollektiven Mäzen.

Das Musiktheater

Ein *munshid* und Muezzin aus Alexandria, der *shaykh* Salama Higazi (1852-1917) versuchte als erster, die Musik der Nahda mit dem Theater zu verbinden, und legte so den Grundstein zum arabischen Melodram. Nachdem er in den 1880er Jahren das religiöse Repertoire zugunsten der weltlichen Musik aufgegeben hatte, nahmen einige syrische Schauspieler, die das Theater in Ägypten einführen wollten, Kontakt mit ihm auf. Erst lehnte der *shaykh* es strikt ab, an einem Schauspiel mit Personendarstellern teilzunehmen, weil das unvereinbar mit seinem Glauben gewesen wäre. Statt dessen begnügte er sich damit, sein Repertoire zwischen den Aufzügen vorzutragen. Als er sich aber mit dieser Welt angefreundet hatte, legte er seinen Turban ab, gründete 1888 seine eigene Truppe und spielte zwei Jahre später den Romeo in einem Stück mit der syrischen Schauspielerin Labiba Manolli. »Shuhadaal-gharam« (»Die Märtyrer der Liebe«), eine orientalische Shakespeare-Adaptation, und »Salah al-Din al-Ayyubi«, eine Tragödie über Saladin, den Bezwinger der Kreuzfahrer, die auf einem Stoff von Walter Scott aufbaute, waren die zwei erfolgreichsten Stücke des *shaykh*, dessen abenteuerliche Laufbahn gleichermaßen von großen Erfolgen, wiederkehrenden Zuständen halbseitiger Lähmung, finanziellen Krisen und geglückten Comebacks gekennzeichnet war, bis er 1917 starb. Man muß sich den *shaykh* Salama, während er vorführt, was seine Lehrer wiederum beim französischen Schauspieler Sylvain gelernt haben, in schwerer Kostümierung vorstellen; so liegt er mehr als zwanzig Minuten über den leblosen Körper seiner Julia gebeugt und trägt seine *qasida* vor. Und jedesmal wenn das begeisterte Publikum ihn angefeuert hat, holt er zu einer neuen Variation eines herzzerreißenden Verses aus (vergleiche CD, Stück 14):

> Ach, Julia, warum schweigst du?
> Ich bin es nicht gewohnt, daß du stumm wirst, wenn ich bei dir bin!

In diesen Stücken gab es keine Verbildlichung der Gefühlswelt wie im europäischen Schauspiel, sie übertrugen einfach nur das Schmerzvoll-Gequälte des ägyptischen *tarab* auf die Bühne. Das Werk Salama Higazis war weniger die Verlagerung des *takht* auf die Theaterbühne als vielmehr der individuelle und geniale künstlerische Ausdruck eines narzißtischen Hymnensängers, der seine Trance inszenierte.

Die Musik im Kräftespiel der Nahda

Die großen Meister, die den künstlerischen Aufschwung der Nahda in die Wege geleitet hatten, hinterließen keinerlei Schriften über die theoretischen Grundlagen ihrer Arbeit. Kamil al-Khulai, ein sehr produktiver Komponist aus den Anfangsjahren des Jahrhunderts, ist eine Ausnahme. Das Schweigen der Praktiker läßt vermuten, daß die Musikkultur noch keinen Stellenwert genoß, der Reflexion und Analyse seitens der Musiker gerechtfertigt hätte. Wie ihre Aussagen erkennen lassen, waren die damaligen Intellektuellen sich nicht darüber im klaren, daß sie die Entwicklung einer neuen Klassik miterlebten. Die Intellektuellen um den reformorientierten Imam Muhammad Abduh (1845-1905) waren zwar keine Feinde der Musik, sondern sprachen sich im Streit um deren Zulässigkeit für sie aus. Aber die Schriften, die sie verfaßten, handelten von abstrakter Theorie und nicht von der Musik ihrer Zeit.

Von dem Wunsch besessen, den imperialen Westen einzuholen, begriffen die Intellektuellen den künstlerischen Ansatz der Musiker nicht. Der Dichter Khalil Mutran machte sich zum Sprachrohr der Intellektuellen:

> Wenn die Musik noch lange so bleiben sollte, wie sie derzeit ist, würde sie uns zweifellos gefallen, aber es würde aussehen, als ob wir für immer an den veralteten Werten der Beduinen hängen würden, während wir uns doch an das Stadtleben gewöhnt haben. Aus diesen näselnden Stimmen, diesen Seufzern von Lungenkranken können nur Elend und Rauheit entstehen. Sie lassen weder Größe noch ein theoretisches Fundament erkennen. (...) Gibt es ein besseres Medium für eine Botschaft als die Musik? Die Reform, die wir anstreben, ist machbar. Man müßte nur die arabische Musik nach und nach dem türkischen Vorbild angleichen. Bis sich unser Geschmack daran gewöhnt hat. Bis Regeln festgelegt sind und eine Notationsweise entwickelt ist, dank derer die *adwar* auf den Konzerten immer mit dem gleichen Text und auf die gleiche Melodie gesungen werden können.

Theoretischer Unterbau, Fixierung, Notation, Preisgabe der Improvisation, die als Zeichen für Anarchie und Archaismus gilt – immer wieder dieselbe ermüdende Litanei, die noch bis tief ins 20. Jahrhundert zu hören sein sollte.

Man spürt hier die ungeheure Angst der Intellektuellen, daß sich der katastrophale Verlust des klassischen arabischen Erbes wiederholen könnte, und die Enttäuschung darüber, daß die Werke Ziryabs und Ishaq al-Mawsilis für immer verloren waren. Aber zugleich merkt man, daß sie das Zusammenspiel von Interpret und Komponist nicht verstanden hatten. Zur Zeit der Nahda war es in Ägypten unmöglich, eine Tätigkeit als theoretisch fundiert anzuerkennen, die noch nicht einmal in der Schriftlichkeit angelangt war. Die musikalische Ausbildung bestand aus

Nachahmung und mündlicher Unterweisung, wobei der junge Sänger von *mutrib* zu *mutrib* ging, genau wie der Sufi-Novize von *shaykh* zu *shaykh* ging, um sich segnen zu lassen. In den Augen von Männern, die wollten, daß ihr Land seinen »Rückstand« gegenüber dem Westen aufholt, konnte das keine ernstzunehmende, theoretisch begründete Kunst sein.

Musiker und Instrumente des *takht*

Das Instrumentalensemble, das den Solosänger und seinen Chor begleitete, hieß *takht*. Das persische Wort bezeichnete ursprünglich das Podest oder die Stelle unter einem Baldachin, wo die Musiker auftraten, später dann das Orchester selbst. Der *takht* bestand im allgemeinen aus vier Melodiespielern, einem Perkussionisten und zwei oder drei Chorsängern, die sich um den Solosänger gruppierten. Alle Musiker blieben während der Darbietung sitzen.

Die Mitglieder des Chors wurden *sannida* (Unterstützer), *madhhabgeyya* (Refrainsänger) oder *betana* (die Dekke) genannt. Ihr Einsatz war nicht unbedingt erforderlich, konnte aber sehr hilfreich sein. Sie stützten den *mutrib* in den gemeinsam gesungenen Passagen und übernahmen den Antwortpart im Wechselgesang, ohne den der *dor* nicht gewesen wäre, was er war. Und der erste *madhhabgi*, dessen Stimme der des Solisten ähnelte, konnte diesen ablösen, indem er seinen Part erst diskret mitsang und ihn dann allein übernahm. Der *madhhabgi* war ein schon erprobter Sänger, der seinen Fertigkeiten im Chor den letzten Schliff gab.

Der Musiker, der die Laute (*ud*) spielte, war der *awwad*. Manchmal war es der Sänger, der den »Sultan unter den Instrumenten« spielte – der *ud* ist in der arabischen Musik das zentrale Instrument in Unterricht und Praxis. Es handelt sich um eine Laute mit gewölbtem Resonanzkörper, in deren Decke rosettenförmige Schallöcher eingeschnitzt sind und die sich seit dem Mittelalter spürbar weiterentwickelt hat. Der *ud* hat einen kurzen, abgeknickten Hals mit fünf Doppelsaiten. Die tiefste ist in *yakah* gestimmt, die anderen in aufsteigender Reihenfolge in *ushayran*, *dukah*, *nawa* und *kerdan*. Die Saiten werden mit Hilfe eines *risha* genannten Plektrons gezupft. Im *takht* paraphrasierte und begleitete das Instrument die Gesangsmelodie in der Stimmlage des Sängers.

Der *qanungi* spielte die Zither (*qanun*). Dieses Instrument, das es in verschiedenen Größen gibt, ist ein trapezförmiger Holzkasten, dessen Resonanz durch kleine, mit Fischhaut (*raqma*) überzogene Öffnungen verstärkt wird. Der Kasten ist mit 24 dreichörigen Saiten bezogen (nur die beiden äußeren sind entweder Doppel- oder Einzelsaiten), die tiefste ist (vom Spieler aus gesehen) unten, die höchste oben. Die Saiten werden mit zwei am Zeigefinger befestigten Plektren angerissen. Im *takht* oktavierte der Musiker für gewöhnlich, das heißt, er spielte eine verdoppelte Melodielinie im Abstand von einer Oktave. Im allgemeinen spielte die rechte Hand in der Lage der Geige, die linke in der des *ud*. Ursprünglich wurde das bundlose Instrument vor jedem Konzert auf den Modus der zu spielenden *wasla* eingestimmt. Der *qanun* war ein Instrument, auf dem bestimmte Zwischentöne nicht gespielt werden konnten, weswegen der Musiker unerwartete Modulierungen nur annähernd ausführen konnte, indem er nämlich mit Finger oder Ellbogen gegen die Saiten drückte. Nach dem Ersten Weltkrieg wurde der *qanun* in Ägypten meist mit einer Reihe von Klappen (*urab*) versehen. Schon 1904 sprach Khulai von Hebeln (*hawamil*), die er als einen »großen Fortschritt« bezeichnete. Diese Hebel, die sich jeweils links unter dem Saitenchor befinden, werden nach oben oder unten verstellt, um die Tonhöhe der Saitenchöre um bis zu einem Ganzton zu verändern. Man braucht mindestens vier *urab* pro Chor, ein fünfter (oder sogar mehr) ist für die Feineinstellung der Saiten hilfreich. Die Grammophonaufnahmen der *qanun*-Meister zeigen, daß die Spezialisten dieser Neuerung eher ablehnend gegenüberstanden. Sie zogen es vor, ihr virtuoses Können auf weniger bequemen Instrumenten zu demonstrieren. Die Verwendung von *urab* war nicht nur eine Frage des technischen Fortschritts. Der *qanun* ohne Klappen setzte ästhetische Maßstäbe, er zwang zur Askese in der Wahl der Modi, zu einer Suche nach in sich stimmigen musikalischen Aussagen, bei denen die Variationen keine billigen Effekte waren, sondern sich konsequent aus einem bestimmten Aufbau ergaben. Virtuosen wie Muhammad al-Aqqad (1849-1930) oder Mustafa Rida Bey (1884-1950) wußten nicht, wozu eine Vorrichtung gut sein sollte, die einen Wandel der musikalischen Sprache hervorgerufen hätte. Die nachfolgenden Generationen waren fasziniert von den neuen Möglichkeiten und manchmal nur noch auf technische Perfektion aus.

Der *kamangati* spielte die Geige, die *kamanga*. Ursprünglich bezeichnete das Wort ein Instrument aus der türkischen und persischen Kunstmusik, aber auch die traditionelle ägyptische Spießgeige, die sich von der *rabab* durch ihren rechteckigen Resonanzkasten unterschied. Die europäische Geige wurde im letzten Drittel des 19. Jahrhunderts eingeführt, weil sie bequemer zu spielen war und einen größeren Tonumfang hatte. Die vier Saiten sind in *yakah*, *dukah*, *nawa* und *kerdan* gestimmt. Ibrahim Sahlun (1858-1920), ein Kairoer Jude, und Sami al-Shawwa (1889-1965) waren die bedeutendsten Geiger aus der Schule der Nahda.

Der *nayati* spielte die *nay*, eine schräg gehaltene Schilfrohrflöte, die als Hauptinstrument in den türkischen *mawlawiya*-Orden und deren Ablegern in Syrien und Ägypten benutzt wird. Zwar gibt es auch in der Volksmusik viele Blasinstrumente, aber man kann davon ausgehen, daß dieses Instrument im Laufe des 19. Jahrhunderts über die Orden und die zum weltlichen Gesang übergetretenen Hymnensänger ins Instrumentalensemble der Kunstmusik aufgenommen worden war. Die bedeutendsten Flötenspieler der klassischen Schule waren Amin al-Buzari und Ali Salih.

Der *raqqaq* spielte die *riqq* genannte Schellentrommel. Er gehörte nicht zwingend zum Ensemble und hielt sich bis in die dreißiger Jahre des 20. Jahrhunderts sehr im Hintergrund. Der hohe Stellenwert der Perkussionisten ist das Markenzeichen der neuen Schule, die die synkopischen Rhythmen des volkstümlichen Repertoires mit der Kunstmusik vermischt.

Der *takht* war keine feste Gruppe, er setzte sich vielmehr aus Künstlern zusammen, die gelegentlich oder regelmäßig zusammenarbeiteten und ansonsten größten Wert auf ihre Unabhängigkeit legten. Dennoch spricht man oft vom *takht* dieses oder jenes *mutrib* beziehungsweise Instrumentalisten. Wenn die Stammbesetzung nicht vollzählig war oder wenn sich ausländische Stars in Kairo aufhielten, luden die Gruppen Gastmusiker ein. Die Ästhetik der Heterophonie führte im besten Fall dazu, daß die Mitglieder des *takht* sich in puncto Virtuosität zu überbieten versuchten, im schlimmsten Fall zu Ressentiments unter den Musikern, die alle den Hauptpart an sich reißen wollten, um ihre Improvisationen durchzusetzen. Wenn man die unnachprüfbaren Anekdoten über den *qanun*-Virtuosen Aqqad hört, fühlt man sich an die Legende von Paganini erinnert. Aqqad soll Sahlun drei Geigensaiten durchschnitten haben, so daß dieser nur noch auf einer einzigen spielen konnte, und auf mancher Aufnahme hört man ein ironisch abwertendes »bravo ya missiou«, das der christlichen Herkunft des Geigers Shawwa und seiner vermeintlichen Anbiederung an den Westen galt.

Die *wasla*

Obwohl sie die einzige traditionelle Kunstform der ägyptischen Musik ist, wird die *wasla* heute nur noch von Musikern aus dem Maghreb und dem Mittleren Osten gespielt. In Ägypten gehört sie seit den letzten Konzerten des *mutrib* Salih Abd al-Hayy (1896-1962) der Vergangenheit an, ihre einzelnen Bestandteile allerdings werden immer noch gespielt. Die *wasla* ist eine Spielart des universellen Modells der musikalischen Suite, das sich in verschiedenen arabischen Traditionen ausgeprägt hat, als *nuba* im Maghreb, als *fasl* in Syrien. Von diesen beiden Typen unterscheidet sich die ägyptische *wasla* der Nahda dadurch, daß sie, zumindest bis in die dreißiger Jahre, lebendig geblieben ist. Die *wasla* ist kein abgeschlossenes Werk, das über die Jahre unverändert tradiert wurde, sondern eine Ausdrucksform, die sich immer weiterentwickelt, sowohl hinsichtlich der Komposition als auch hinsichtlich der Interpretation. Der *takht* montiert nach eigenem Ermessen verschiedene Teile aus einem überlieferten Fundus von Texten und Kompositionen. Dabei muß er sich an zwei Vorschriften halten: Er muß erstens die richtige Reihenfolge der Stücke einhalten, die davon abhängt, welcher Gattung sie angehören, und zweitens dem Leitfaden der Tonarten folgen. Jeder Bestandteil einer Suite entstammt einem gemeinsamen, nach Tonarten geordneten Grundstock. Die *wasla* enthält der Reihe nach folgende Elemente:

Die instrumentalen Einleitungen

Es handelt sich um das *bashraf*, das *samai* oder die *tahmila*. Die beiden ersten Wörter bezeichnen durchkomponierte Stücke, meist osmanischer Herkunft. Das *bashraf* (arabisierte Form von persisch *pishraw*, Eröffnung) besteht aus vier Strophen (*khana*) und einem nach jeder

Strophe wiederholten Refrain (*taslim*). Die Strophen setzen sich aus mehreren Melodiephrasen zusammen, unterlegt mit einem oder mehreren Rhythmusabläufen in einem geraden Takt. Der Refrain (*taslim*) wird im Grundmodus ausgeführt und ist gewöhnlich kürzer als die *khana* (siehe CD, Stück 15). Die erste *khana* stellt die charakteristische Intervallfolge des ausgesuchten Modus vor, die zweite entwickelt das angespielte Thema, die dritte versucht sich normalerweise in den hohen Lagen, die letzte faßt den ganzen Durchgang noch einmal zusammen, und jede einzelne löst sich im *taslim* auf. Während die Türken peinlich genau auf die Einhaltung jedes rhythmischen Details achteten, neigten die Ägypter – das zeigen die alten Aufnahmen – zu vereinfachten Rhythmen und weitschweifigen Melodien. In der zweiten Hälfte des 20. Jahrhunderts forderten die Musikhochschulen dagegen wieder rhythmische Präzision – an deren Stelle in der Nahda eine Fülle von Spielereien getreten war.

Das *samai* ist von seinem Aufbau her fast identisch mit dem *bashraf*: vier *khanat*, jeweils gefolgt von einem *taslim*. Auch das Repertoire der *samaiyyat* besteht wie das der *basharif* hauptsächlich aus osmanischen Stücken des 18. und 19. Jahrhunderts, außerdem aus einigen arabischen Kompositionen ungewissen Ursprungs. Man sollte erwähnen, daß die ägyptischen und syrisch-libanesischen Komponisten, die das überlieferte Erbe weiterentwickeln wollten, sich von den dreißiger Jahren bis in die sechziger Jahre wieder stärker für beide Formen interessierten, daß deren Beliebtheit und Verbreitung in der Öffentlichkeit aber nur bis zum Ende des Ersten Weltkriegs anhielten. Heute beschränkt sich der Wirkungsbereich dieser Werke auf die Musikhochschulen.

Schließlich konnte der *takht* noch eine *tahmila* spielen, bei der sich eine Art musikalischer Dialog zwischen den Instrumentalisten entspann. Erst führte das Ensemble eine kurze komponierte Einleitung aus, dann begann ein

Solist mit einer rhythmisch gebundenen Improvisation (*taqsim*), als Ruf gedacht, auf den die Mitmusiker antworteten. Weitere Rufe schlossen sich an, und die Reise führte von Modus zu Modus und schließlich zur Ausgangstonart zurück, bis ein anderer Musiker den Solopart übernahm.

Der *muwashshah*

Der *muwashshah* ist eine Gattung, der die Pioniere der modernen arabischen Musikwissenschaft in Ägypten offenbar weit mehr Aufmerksamkeit schenkten als die Musiker selbst. Sänger und Instrumentalisten vergröberten die anspruchsvollen Rhythmen der *muwashshahat*, um diesen Geschicklichkeitsübungen für Virtuosen Fantasie und *tarab* einzuhauchen. Aber die, die den arabischen Gesang auf eine wissenschaftliche Grundlage stellen wollten, begeisterten sich für diese Gattung, deren Prestige durch ihre andalusische Herkunft noch erhöht wurde.

Der *muwashshah* wurde im 20. Jahrhundert zum Lieblingsgenre der Musikhochschulen, und das, obwohl sich das Publikum herzlich wenig dafür interessierte. Das Wort *muwashshah* bezeichnet zweierlei. Zum einen eine literarische Gattung, ein strophisches Gedicht in klassischem Arabisch mit verschiedenen Reimen und verschiedenen Versmaßen, das im 10. Jahrhundert in Andalusien für den gesungenen Vortrag erfunden wurde (einige Züge der maghrebinischen *nuba* sind sicherlich Relikte aus dieser Zeit). Zum anderen der *muwashshah* im Sinne der orientalischen Musikgelehrten: jedes strophische Gedicht in arabischer Literatursprache oder gehobenem Dialekt mit einer festen Melodie aus zwei, höchstens drei Phrasen, die alle Töne eines *maqam* umfassen. Jede dieser unterschiedlich langen und unterschiedlich komplexen Phrasen erstreckt sich über einen oft vertrackten Rhythmus von bis zu zehn Takten. Das geläufigste Modell sah so aus:

Gedichtzeile 1 (*dor*), Melodiephrase A
Gedichtzeile 2 (*dor*), Melodiephrase A
Gedichtzeile 3 (*khana*), Melodiephrase B (hohe Lage)
Gedichtzeile 4 (*qafla*), abgewandelte Melodiephrase A

In Aleppo wurde gewöhnlich eine lange Folge von *muwashshahat* gesungen, in Ägypten hingegen wohl nur einer oder zwei: Man wollte diesen Teil schnell abhaken, um die Hauptteile der *wasla* in Angriff nehmen zu können. Der *muwashshah* diente vor allem Unterrichtszwecken und war zweifellos eine furchtbare Übung: Vor dem Meister zu sitzen, die Melodie zu ignorieren, um die rhythmische Grundstruktur zu erkennen, und diese dann mit der flachen Hand oder der Faust auf Knien nachzuspielen, um die Aufnahmeprüfung in die Zunft der Sänger zu bestehen – die Übung schreckte ab, sie war aber unentbehrlich für jeden, der eine neue Variation oder Verzierung wagen wollte, ohne sich in einem Rhythmusablauf zu verlieren, der oft über 15 oder 16 Schläge ging. Wenn es dem auszubildenden *mutrib* gelang, den Ablauf eines *muwashshah* zu beherrschen, fiel es ihm später leicht, über eine andere Rhythmusformel als die geradtaktige *wahda* zu improvisieren. Und noch einen pädagogischen Vorzug bot der *muwashshah*: Er faßte das ganze Potential eines Modus in knapper Form zusammen und lieferte somit für jeden *maqam* Musterphrasen und Melodiefloskeln, die dann später in anderen Stücken verwertet werden konnten (vergleiche CD, Stück 16).

Der *taqsim*

Die improvisierten Instrumentalpassagen werden unter dem Oberbegriff *taqsim* zusammengefaßt. Das Wort kann zweierlei bezeichnen: erstens eine quasi selbständige Gattung, die als Einleitung oder als Abschluß dienen kann; nach den instrumentalen Kompositionen leitet er den ersten Einsatz des Sängers ein und dient danach als Überleitung zwischen den Gesangsstücken, um dem Sänger eine Atempause einzuräumen. Zweitens eine Form der instrumentalen Begleitung, die mitten in der Darbietung des Sängers erklingt, seinen Gesang musikalisch kommentiert oder vorantreibt. Der Begleit-*taqsim* antwortet dem Sänger und paßt sich dem freien oder gebundenen Rhythmus des Stückes an. Vor 1918 war es üblich, die rhythmisch gebundenen Vokalstücke mit einem *taqsim* im Rhythmus *bamb* zu beschließen. Beim rhythmisch gebundenen *taqsim* unterstützte ein zweiter Melodiespieler den Solisten, brachte den Grundton immer wieder in Erinnerung und kurbelte den hypnotisch pulsierenden Rhythmus an.

Layali und *mawwal*

Die *layali*, die rhythmisch entweder gebunden oder frei sind, und die grundsätzlich freien *mawawil* sind die vokalen Gegenstücke zum *taqsim*. Die *layali* sind Variationen über die Worte »ya lel ya en« (o Nacht, o Auge), Begriffe, die auf die Klischees der höfischen arabischen Dichtung verweisen: die Abschiedsnacht, in der der Liebende keinen Schlaf finden kann; die Nacht der Begegnung mit der Geliebten; der tödliche Blick des Angebeteten, der sich ins Herz der Liebenden bohrt; oder das schmachtende Auge des Verehrers, von dem man bittere Tränen verlangt. Der libanesisch-ägyptische Musikgelehrte Iskandar Shalfun beschrieb die Gattung im Jahr 1922 wie folgt:

> Nach den Regeln der Kunst sollen die *layali* erfindungsreich und improvisiert sein, ein Geschenk des Augenblicks und nicht Nachahmung oder Parodie, wie die *takht*-Leiter in unserer prosaischen Zeit zu denken pflegen. Wenn Abduh al-Hamuli seine *layali* sang, hörte selbst die Nacht ihm zu, so schön und gefühlvoll waren sie. Das ist es, was [der Dichter Ahmad] Shawqi in seiner Trauerrede auf den Sänger sagen wollte:
> Im Morgengrauen hört die Nacht eins seiner *ya lel*
> sie lauscht gebannt und will nicht gehen.

Der *mawwal* in der Kunstmusik, der nicht mit seinem Namensvetter im volkstümlichen Bereich verwechselt werden darf, ist ein im Versmaß *basit* geschriebenes Gedicht in gehobenem Dialekt, das aus fünf oder sieben Versen besteht (*mawwal arag* oder *mawwal numani*). Mit der volkstümlichen Variante teilt er die Lust am Wortspiel und an der geistreichen Paronomasie, bei der sich verschiedene Sprachebenen überlagern. Das Reimschema ist aaaba beziehungsweise aaabbba. Thematisch dreht sich der kunstmusikalische *mawwal* ausschließlich um Liebe und Schmerz. Nur der Solist singt, begleitet von einem oder zwei Instrumenten des *takht*, die die Gesangslinie simultan mitspielen oder zusammenfassend wiederholen. Im allgemeinen ist es ein *qanun*, der die improvisierte Melodie des Sängers so originalgetreu wie möglich reproduziert, indem er ihm wie ein Schatten folgt, fast ohne Verzögerung (vergleiche CD, Stück 17).

Der *dor*

Nach den improvisierten instrumentalen und gesungenen Stücken bereitet sich der *takht* auf das Glanzstück des Abends vor, den *dor*, der mehr als 30 Minuten dauern kann. Dem Stück geht eine sehr kurze instrumentale Einleitung voraus, ein sogenannter *dulab* (Rad): eine im allgemeinen traditionelle Komposition, in der Regel über zwölf Takte, die vom Ensemble heterophon gespielt wird. Es gibt rund zehn verschiedene *dawalib* für jede Modusgattung, aber genaugenommen sind manche Melodieformeln identisch und lassen sich, wenn man einige Intervalle verändert, an jeden Modus anpassen. Die Schule der Nahda schöpfte aus einem sehr kleinen Fundus an *dawalib*, die während des Spiels allerdings beliebig variiert wurden.

In seiner vollendeten Form, die von Muhammad Uthman und später von Komponisten wie Dawud Husni (1870-1932) und Ibrahim al-Qabbani (1852-1927) entwikkelt wurde, ist der *dor* ein Gedicht in gehobenem Dialekt mit vier bis zehn Zeilen. Er gliedert sich in zwei Teile (*madhhab* und *dor*), die über feste Rhythmen gespielt werden, meist über Varianten der *wahda*. Der *madhhab* ist eine vollständig komponierte Ouvertüre über mindestens zwei Zeilen, der eigentliche *dor* eine nur in Grundzügen vorkomponierte Fortsetzung, die sich über den Rest des Textes erstreckt. Der *maddhab* wird manchmal im Chor gesungen und in sehr schnellem Tempo ausgeführt. Der zweite Teil des Stücks ist eine thematische Entwicklung der Melodiephrasen des *maddhab*. Gesungen werden sie vom Solisten, der in zwei fakultativen Abschnitten vom Chor unterstützt werden kann: den *ahat*, Variationen über den Seufzer »ah«, und dem *hank*, einem improvisierten Wechselgesang.

In den Werken aus den Anfangsjahren des 20. Jahrhunderts zeichnet sich eine Tendenz ab, im *dor* selbst öfter den Rhythmus zu wechseln; insbesondere findet man Abschnitte im *maqsum*, einem langsamen Tanzrhythmus der Volksmusik.

Die *qasida*

Mit einer *qasida* klingt die letzte *wasla* am Ende eines Konzertabends aus, manchmal folgt sie als Abschluß auf den *dor*, manchmal ersetzt sie ihn. Von allen Gattungen ist die *qasida* die angesehenste, weil sie einen klassischen Sprachstil verwendet und aus einem stark aufgewerteten mittelalterlichen Repertoire schöpft. Wie beim *muwashshah* verweist der Begriff *qasida* sowohl auf eine literarische als auch auf eine musikalische Form. Das Wort steht für ein Gedicht, in dem Reim und Versmaß immer gleich bleiben, geschrieben in klassischem Arabisch, in dem alle Kasusendungen ausgesprochen werden. Musikalisch gesehen bezeichnete das Wort im 20. Jahrhundert schließlich jedes Lied in klassischer Sprache. Zur Zeit der Nahda hingegen bezog es sich nur auf zwei bestimmte Gesangsstile.

Die *qasida muwaqqaa* (mit festem Takt) war immer mit dem Rhythmus *wahda* unterlegt und wurde schneller gespielt als der *dor*. Sie wurde bis zum Ersten Weltkrieg grundsätzlich mit dem gleichen *dulab* eingeleitet und beendet, einer Melodieformel aus zwei Phrasen, die an alle Modi angepaßt werden konnte, dem sogenannten *dulab el-awazel* (Runde der Aufpasser) mit einem dialektalen und rätselhaften archaischen Text.

> ah ya ana w-esh lel-awazel andena/qum madya el-uzzal we waselni ana
>
> Ich Armer! Was schulden wir den Aufpassern?
> Laß sie umherirren und vereinige dich mit mir!
> (vergleiche CD, Stück 18)

Die Zeile deutet auf die Thematik des *ghazal*, der höfischen Liebesklage, die sich in jeder *qasida* entfaltet. Durch die »Runde der Aufpasser«, die jede *qasida* einleitet und abschließt, kann die persönliche Erfahrung eines

Dichters in der ewigen und zeitlosen Liebesklage des *mutrib* eingefangen werden. Indem der Sänger dieselben Worte gebrauchte wie zahllose Autoren vor ihm, nahm er einer Dichtung, die ohnehin voller Klischees war, den letzten Rest an Individualität und übertrug die Klagen der Dichter in das Epos der Liebesschmerzen, dessen Verkünder er war. Wenn der gleiche *dulab* in der Mitte der *qasida* instrumental gespielt wurde, antwortete er dem Sänger und signalisierte die Überleitung von einem Abschnitt des *maqam* zum nächsten oder den Wechsel zu einer benachbarten Tonart. Aber das war nicht seine einzige Funktion: Die Rückkehr zu einer ständig wiederholten Melodie verdeutlichte, daß die Töne sich der Ordnung des *maqam* unterwerfen mußten, daß das unfreie Liebespaar sich in sein trauriges Schicksal fügte. Hier begegnen sich Musik und Dichtung jenseits aller naiven Verbildlichung: Die an einen festen Modus gebundene Melodie ruft, mal ironisch, mal fatalistisch, in Erinnerung, daß auch das Gedicht in seinen Klischees gefangen ist.

Der *mutrib* wartete, bis *qanun* und Geige mit einem Bordun das Tempo vorgaben, dann sang er die erste Gedichtzeile, wobei er darauf achtete, daß das Metrum des Gedichts und die musikalische Rhythmusformel gemäß den strengen Regeln übereinstimmten. Mal wurde die Melodie vollständig improvisiert (in dem Fall beschränkte sie sich darauf, den Ausgangsmodus zu erschließen), mal war sie mehr oder weniger ausführlich vorkomponiert. Musikalische Formeln, die man gewohnheitsmäßig mit einem bestimmten Gedicht assoziierte, und die Erinnerung an die Interpretationen großer Meister wie Hamuli oder später Abu al-Ila Muhammad (1926 gestorben) lieferten den nachfolgenden Interpreten feste Anhaltspunkte für die Überleitung in einen anderen Modus, der diesem oder jenem Teil des Gedichts zugeordnet war. Nach dem Ersten Weltkrieg zeichnete sich der Trend zu einer strengeren Komposition ab, was nicht unbedingt heißt, daß diese Entwicklung auf Einflüsse aus anderen Kulturkreisen zurückzuführen ist.

Die *qasida mursala* (ohne festes Taktmaß) ist eine Gattung, die aus den religiösen Orden stammte und 1850 dem Format des *takht*-Ensembles angepaßt wurde. Mal war sie ganz improvisiert, mal war sie derart komplex, daß sie zumindest in groben Zügen vorkomponiert sein mußte.

Literarisch gesehen können die *qasaid*, die von den Künstlern der Nahda gesungen wurden, in drei Gruppen eingeteilt werden. Hymnensänger, die zum weltlichen Gesang übergetreten waren, führten Texte von ägyptischen Sufi-Dichtern der Spätzeit ein. Das meistverwendete Werk war das von Umar Ibn al-Farid (1181-1234), dem »Sultan unter den Liebhabern [Gottes]«. Die Dichtung dieses Einsiedlers, den die mystischen Sekten als einen Heiligen verehrten, wurde im *dhikr* des *Laythiyya*-Ordens benutzt und ging ganz selbstverständlich in die weltliche Musik ein. Die Kommentatoren des Dichters lasen aus seinen Werken einen spirituellen Sinn heraus, aber der *mutrib* entschied sich bewußt für jene Verse, die ganz offensichtlich eine doppelte Auslegung zuließen: eine weltliche und eine mystische – wobei die weltliche Lesart dieser manchmal glühenden Verse den Sänger fast zu einem Gotteslästerer machte:

> O Leidenschaft, die er uns einhaucht! Ist das nicht Zeugnis genug? Um ein Haar verehrte ich ihn wie den heiligen Koran.
> Wenn er mir aus Übermut befehlen würde, auf glühenden Kohlen zu gehen, würde ich sie zu meinem Lager machen, mich seinem Willen ergeben und mich nicht mehr rühren.
> Geruhe er, mir auf die Wangen zu treten!
> Sie wären sein Boden, und ich würde nicht klagen.
> Hätte man Jakob von der Anmut seines Antlitzes berichtet,

er hätte Josephs Glanz darüber vergessen.
Und wenn Hiob, einst, als er noch schlief,
ihn zu sich gelassen hätte, wäre er von seinen Qualen befreit worden.
(Yusuf al-Manyalawi)

Unter den Texten, die auf Grammophonplatten zu hören sind, gibt es auch *ghazal*-Verse, die wegen ihrer Unverfänglichkeit aus dem enormen Fundus der höfischen Dichtung des Mittelalters ausgewählt wurden. Die Verwendung solcher Gedichte hängt wahrscheinlich mit der für die Nahda kennzeichnenden Wiederentdeckung der klassischen arabischen Literatur zusammen. Hamuli und Manyalawi lebten in der Zeit, als die Nationalbibliothek gegründet wurde, als der Buchdruck in Kairo seinen Siegeszug antrat und also auch die großen Werke des überlieferten Erbes wiederveröffentlicht wurden. Das *Buch der Lieder* des mittelalterlichen Sammlers Abu Farag al-Isfahani (um 967 gestorben) wurde 1867 zum erstenmal gedruckt, und wahrscheinlich war es den mit Musikern befreundeten Intellektuellen zu verdanken, daß diese Texte, die vom ewigen Schmerz der Liebe handeln, der Vergessenheit entrissen wurden.

Die letzte Gruppe von *qasaid* besteht aus Texten der modernen, neoklassischen Autoren, Zeitgenossen der Schule der Nahda, die nur wenig zum Repertoire beisteuerten. Die großen Sänger der Nahda, deren ästhetische Bildung schon abgeschlossen war, als die Dichter anfingen, sich von den allgegenwärtigen Klischees zu befreien, interessierten sich kaum für eine Dichtung, die die moderne Welt darstellte. Merkwürdigerweise lieferte der Dichter Khalil Mutran (1871-1949), Vordenker der romantischen Schule und eng befreundet mit Hamuli, diesem nicht eine einzige Zeile. Nur Salama Higazi sang Texte seiner Zeitgenossen; sporadisch – im Rahmen seiner arabischen »Opern« – auch der Libanese Nagib al-Haddad (1867-1899).

Musik und Dichtung

Khulai kritisierte die Eintönigkeit der Themen wie folgt:

> Es ist seltsam, daß sich die meisten Zuhörer, wenn sie die Gedichte der Araber über ihre Zeltplätze, die Spuren der Vergangenheit, Grassteppen, Ruinen, Pferde, Kamele, Raubtiere, Heldentaten, Racheakte, Abenteuer, Standarten und Wüsten hören, darüber lustig machen, weil sie solche Stücke nicht einmal ansatzweise verstehen. Sie mögen nur die schlechte Dichtung, in der von Liebe, Gärten und Wein, von schönen Sklavinnen und Salons die Rede ist.

Das musikalische Milieu des 19. und 20. Jahrhunderts schränkte die Themenauswahl noch stärker ein. Ästhetische Konventionen setzten sich durch, die alle Hinweise auf Zeit, Ort, Person und Geschlecht untersagten. Das betraf nicht nur die *qasida*, sondern alle gesungenen Texte der Kunstmusik. Wahrscheinlich trug die Einseitigkeit der Themen in den dreißiger Jahren entscheidend dazu bei, daß die »Erneuerer« die Sprache der Musik umgestalten wollten, da die Texte, denen sie als Fundament diente, angeblich nicht mehr die Bestrebungen der Nation widerspiegelten.

Daß das Publikum der *wasla* ab den dreißiger Jahren den Rücken kehrte, lag auch daran, daß es die ewigen Verbindungen abgedroschener Wörter in- und auswendig kannte. Der Musikgelehrte Iskandar Shalfun unterstrich diese Gefahr in einem Text von 1922:

> Zwar gibt es unzählige *dors*, aber sie handeln alle von Klagen, Sehnsüchten, schlaflosen Nächten, von Sternen, die man zählt, Abschiedsszenen und vor allem von den Aufpassern, die in diesen Gedichten eine beträchtliche Rolle spielen. Es gibt kaum Texte, in denen diese Rüpel vergessen werden, genausowenig die Tadler, die mit ersteren eine trostlose Gemeinschaft bilden, deren bedeu-

tendste nächste Verwandte die Neider, die Intriganten und die Feinde sind.

Wenn Interpreten wie Abd al-Hayy Hilmi (1857-1912) einen Text im Rausch ihrer Interpretation verstümmelten und entstellten, so vielleicht deshalb, weil sie verstanden hatten, wie wenig diese Texte manchmal aussagten. Wenn für die Musikwissenschaft unter Nasser die ägyptische Musik mit Sayyid Darwish beginnt, heißt das dann nicht, daß eine Erneuerung der Themen in der *maqam*-Musik unvorstellbar war? Der Ansatz Salama Higazis liefert den Schlüssel zur Antwort. Seine Texte waren literarisch nicht sehr wertvoll, aber daß er *takht* und *maqam* nutzen wollte, um eine Dramenhandlung auszudrücken, war ein kühner Schritt, der nicht verstanden wurde. Seine Nachfolger auf dem Gebiet des Musiktheaters ahmten ihn nach oder orientierten sich am westlichen Vorbild und betrachteten die Musik als Verbildlichung der Texte: sie waren Nacheiferer, keine Schüler. Erst als der Kunstgesang allmählich in eine ausgereifte Unterhaltungsmusik überging, öffnete sich die ägyptische Musik einem neuen Textstil.

DIE UNVERÄNDERLICHEN STILISTISCHEN GRUNDSÄTZE DER MUSIK

Drei Grundzüge sind offenbar untrennbar mit dem klassischen Stil der ägyptischen Musik verbunden: die Heterophonie, die Improvisation und die Ornamentierung.

Die Heterophonie

Von Heterophonie spricht man, wenn verschiedene Fassungen einer Melodie gleichzeitig gespielt werden und sich überschneiden. Die instrumentale Umsetzung der Melodielinie bleibt an die persönliche Interpretation eines jeden *takht*-Mitglieds gebunden. Heterophonie entsteht zumeist aus der Überlagerung von zwei Instrumentalparts oder von einem Gesangs- und einem Instrumentalpart. Es gibt aber zumindest eine häufig auftretende Spielart der Heterophonie zwischen Sängern: der *madhhab* in den *adwar*. Jemand wie Manyalawi überließ dem Chor der *madhhabgeyya* den Aufbau des *madhhab*, behielt sich selbst die komplexesten Passagen vor und begann, die Melodie derart üppig auszuschmücken, daß sie kaum noch als Variation erkennbar war. Versuche, die Heterophonie zu koordinieren, zeigten sich, außer in den *bamb* (Ostinatos, die die *taqasim* untermalen), im Zusammenklang einzelner Akkorde. Manche geglückte Versuche in den *dors* von Salama Higazi beweisen, daß ein heterophones Ruf-und-Antwort-Spiel zwischen Solosänger, Chor und Instrumentalisten möglich war. Wahrscheinlich stammte das Schema aus dem *tawshih* der Hymnensänger und wurde bei Higazi auf den *takht* angewandt.

Die Ornamentierung

Für einen arabischen Künstler ist die Verzierung keine Nebensache, die hinzugefügt oder weggelassen werden könnte. Sie ist nach Lois Ibsen al-Faruqi »das Material selbst, aus dem endlose Motive gesponnen werden (...). Das Ornament ist das Mark der Improvisation (...) und die Melismen das Gewebe, aus dem die Tonfolgen bestehen.« Es wäre zwecklos, in den *mawawil* oder *layali* nach einer klaren, schnörkellosen Melodielinie zu suchen, so sehr beruhen diese Formen auf einer Folge von Verzierungen und drücken wie die dekorative Kunst des Islam den Willen aus, Raum und Zeit bis ins Unendliche zu zergliedern. Zergliedern ist übrigens die ursprüngliche Bedeutung des Wortes »*taqsim*«. Ohne ihre ornamentale Pracht verlieren sogar die komponierten Stücke ihre Bedeutung. Die Improvisation ist eine Strategie zur Melodieerzeugung, ein dem Augenblick verhaftetes Schaffen und eine Art, die Zeit zu strukturieren. Die Verzierungskunst ihrerseits besteht aus diversen Gesangs- und Spieltechniken, aus dem Spiel mit Klangfarbe und Rhythmus, mit Nebengeräuschen und mit der Ausgestaltung der Phrasen; Techniken, die ein ganzes Vokabular an beliebig wiederverwendbaren Motiven liefern. Ohne sämtliche Arten von Verzierungen hier aufzuzählen, muß man doch die Bedeutung der *qafla* (Schlußkadenz) erwähnen, des wichtigsten Gliederungszeichens in den Improvisationsstücken. Die *qafla* ist eine Folge von Tönen, die so angeordnet sind, daß der Schlußton – immer der Grundton der vorausgegangenen Sequenz – mit äußerster Spannung erwartet wird und, wenn er schließlich erklingt, wie eine Erlösung wirkt. Ob vor dem Abschluß der *qafla* der Grundton oder eine noch tiefere Tonstufe berührt wird oder nicht, der Ablauf ist fast immer gleich: Nachdem sich die Melodielinie auf den Grundton zubewegt hat – egal ob sie ihn dabei berührt oder nur umkreist hat –, hält der Sänger die Spannung auf einer höheren Tonstufe in der Schwebe, führt ein starkes Vibrato oder mehrere Triller aus und singt dann blitzschnell die Tonleiter hinunter, schubweise oder in einem Zug bis zum Grundton. Jeder Sänger, jeder Instrumentalist muß mehrere standardisierte *qafalat* beherrschen, die er nach Belieben ausschmücken kann. Eine originelle *qafla* ist ein Beweis für große Virtuosität, besonders wenn sie zwei Modi miteinander verknüpft (vergleiche CD, Stück 19).

Die Improvisation

Die heutigen arabischen Musikwissenschaftler haben erkannt, welchen Stellenwert die Improvisation in der klassischen arabischen Musiktradition einnimmt, und betrachten die Koranrezitation als Beispiel dafür. Anfang des Jahrhunderts erklärte der jüdische Komponist Dawud Husni, solange es weiterhin den Koran gebe, mache er sich keinerlei Sorgen um die Zukunft der ägyptischen Musik. Aber man muß zwei Spielarten der Improvisation unterscheiden: die exploratorische und die interpretierende Improvisation. Bei ersterer, die in den *taqasim*, den *mawawil* und den *qasaid* vorkommt, sind Erfindung und Ausführung ein und dasselbe. Bei der zweiten laufen zwei Stränge zusammen: die Komposition und deren Umsetzung durch den Interpreten. Es wäre übertrieben, wenn man den Siegeszug der Komposition im 20. Jahrhundert auf europäische Einflüsse zurückführen oder, schlimmer noch, als Zeichen einer Akkulturation deuten wollte. Es ist nicht zu übersehen, daß schon im 19. Jahrhundert Hamuli, der seinen Interpretationen freien Lauf ließ, und Muhammad Uthman, der soviel Wert auf die Details seiner Kompositionen legte, trotz aller Gegensätze aufeinander angewiesen waren. Die Forderung nach einer innovativen Improvisation ist erst sinnvoll, wenn ein melodisches Grundgerüst vorliegt, das der *mutrib* auseinandernehmen kann. Die Geschichte der ägyptischen Musik ist kein langer Marsch »vom Koran zur Partitur«, von der reinen Improvisation über zahlreiche Zwischenstadien zur sakrosankten Komposition. Schon im Mittelalter prallten im Streit zwischen Ibrahim al-Mahdi und Ishaq al-Mawsili die Gegensätze von Werktreue und künstlerischer Freiheit aufeinander. Daß im ersten Drittel des 20. Jahrhunderts im Eiltempo die westliche Notenschrift eingeführt wurde und die Komponisten den Wunsch hatten, ihre Werke aufschreiben zu lassen, beweist mehr als deutlich: Die Übernahme eines wahrscheinlich wenig geeigneten Systems entsprach einem realen Bedürfnis, das sich nicht allein auf die Sorgen der Plattenfirmen um die Urheberrechte zurückführen läßt.

DIE AUSGRENZUNG DER KUNSTMUSIK

Von den ersten Schallplatten zu den Musikhochschulen
Die Rolle der Schallplattenindustrie

Als nach der Jahrhundertwende die ersten europäischen Plattenfirmen auf den Markt des Nahen Ostens vordrangen, kam es zu einem fundamentalen Wandel in der ägyptischen Musik. 1903 startete zum erstenmal eine europäische Firma (Gramophone-Zonophone) eine Aufnahmekampagne in Ägypten. 1905 zogen Odeon und Beka nach, und die Meister ließen sich aufnehmen: Manyalawi etwa oder Salama Higazi unterzeichneten Verträge. Angesichts der versprochenen Gagen malten sich die Musiker eine glanzvolle Zukunft aus – so hoch hatten sie ihren Wert nicht eingeschätzt. 1905 erzählte der Toningenieur von Beka: »Die Verhandlungen mit dem *shaykh* Yusuf, dem ›Caruso des Orients‹ liefen seit neun Monaten und standen vor einem erfolgreichen Abschluß. Für die stolze Summe von 26 000 Francs hatte er sich verpflichtet, exklusiv für Beka 50 Schallplatten aufzunehmen. Diese königliche Vergütung erregte Neid unter den Begleitmusikern, die nun ihrerseits übertriebene Gagen forderten. So verging eine Woche mit unnützen Diskussionen, und auf einmal waren wir mitten im Ramadan. Während dieser Zeit konnten wir nur nachts aufnehmen, von zehn Uhr abends bis vier Uhr morgens.« Zwischen 1903 und dem Ersten Weltkrieg wurde der größte Teil des kunstmusikalischen Repertoires der Nahda aufgenommen, wozu fast alle bedeutenden Sänger beitrugen. Allerdings liefert die Grammophonplatte natürlich ein Zerrbild der Wirklichkeit: Nur die Kunstmusik wurde systematisch aufgenommen, das geistliche und das volkstümliche Repertoire fanden kaum Beachtung. Die materiellen Bedingungen des Tonträgers (drei bis vier Minuten pro Platte) beschränkten die Länge der Stücke und zwangen die Interpreten, ihre *adwar* manchmal auf zwei Platten aufzunehmen. Der Reichtum und die enorme Vielfalt der Variationen auf den Platten werfen auch gewisse Fragen auf: Sind die aufgenommenen Stücke vielleicht nur verkürzte Fassungen, Andeutungen dessen, was auf den Konzerten detaillierter ausgeführt wurde?

Die Schallplattenindustrie bewirkte auch gesellschaftliche Veränderungen und einen Wandel der Formen, sie revolutionierte sowohl die Aufführungspraxis als auch die Musikinstitutionen. War die Vorkriegszeit eine Phase der Akklimatisierung gewesen, in der die Industrie versucht hatte, die *wasla* auf eine ganz offensichtlich ungeeignete Art von Tonträger zu bannen, zeichnete sich die Nachkriegszeit durch die Produktion von Musikstücken aus, die nicht länger waren als die Spielzeit einer Grammophonplatte. Das Grammophon war erst einer Elite vorbehalten, hielt aber auch Einzug in die Cafés und die bürgerlichen Haushalte. Mit der Ausweitung des Publikums verlor die Kunstmusik ihre dominante Stellung in der Musikproduktion; *mutribin* und *awalim* wurden von den Firmen gedrängt, ihr Glück in der leichten Unterhaltung zu suchen. Das moderne Lied, das in den dreißiger Jahren entstand, orientierte sich zweifellos an den Erwartungen der Plattenfirmen. Ende des 19. Jahrhunderts kannte man das »Lied« noch nicht. Man kannte nur den Kunstgesang, die Tradition des Virtuosentums, die eine lange Ausbildung voraussetzte, oder aber die Volksmusik, die das aufstrebende bürgerliche Publikum, das eine hochentwickelte und moderne Kunst forderte, nicht zufriedenstellen konnte. Die Grammophonplatte befriedigte die Ansprüche all jener, die sich einen Plattenspieler leisten konnten: Alle sollten Zugang haben zur neuen Kunstmusik, nicht mehr nur die türkenfreundliche Oberschicht. Der vom Tonträger eingeleiteten Ausweitung des Publikums entsprach im Gegenzug die Demokratisierung einer zuvor exklusiven Kunst.

Als man anfing, in Begriffen wie »Urheberrecht« und »geistiges Eigentum« zu denken, war es mit der Bildung eines gemeinsamen Erbes vorbei. Noch um die Jahrhundertwende galten die Werke eines Komponisten als Allgemeingut; andere Interpreten konnten sie aufgreifen und umformen. Ein Werk war ausgereift, wenn die großen Meister es in einer persönlichen Fassung wiedergaben. Da die Konzerne aber nun als Eigentümer der Rechte auftraten, waren die Stücke mit dem Namen eines bestimmten Interpreten verbunden und gingen nicht mehr in den gemeinsamen Fundus ein. Das gemeinsame Repertoire war zu begrenzt, die Zuhörer wurden seiner überdrüssig, und mit der im Entstehen begriffenen Klassik war es vorbei. Ab den zwanziger Jahren orientierten sich die neuen Kompositionen am Kunden. Die technischen Bedingungen der Grammophonplatte besiegelten eine Ad-hoc-Ästhetik: Jede Komposition mußte in die vom Tonträger vorgeschriebene 6-Minuten-Form gepreßt werden. Die Improvisation, die ihrem Begriff nach außerhalb der Zeit liegt, konnte sich auf Platte nicht behaupten. Die Schallplatten der Vorkriegszeit enthielten stark verkürzte Wiedergaben der Kompositionen, die der Nachkriegszeit abgeschlossene Werke, die mögliche Entwicklungen nur noch andeuteten. Für eine Musik, die an der Schwelle zum 20. Jahrhundert größtenteils nicht aufgezeichnet war, war die Schallplatte paradoxerweise beides zugleich: eine unschätzbare Chance zu ihrer Bewahrung und ein Todesurteil.

by E. Prisse, Esq.re On stone by Eug. Leroux

Alex Bida

Bonfils

شركة كايروفون
للاسطوانات
تقدم أحدث أغنية
للموسيقار الاستاذ
محمد عبد الوهاب

Musikinstrumente

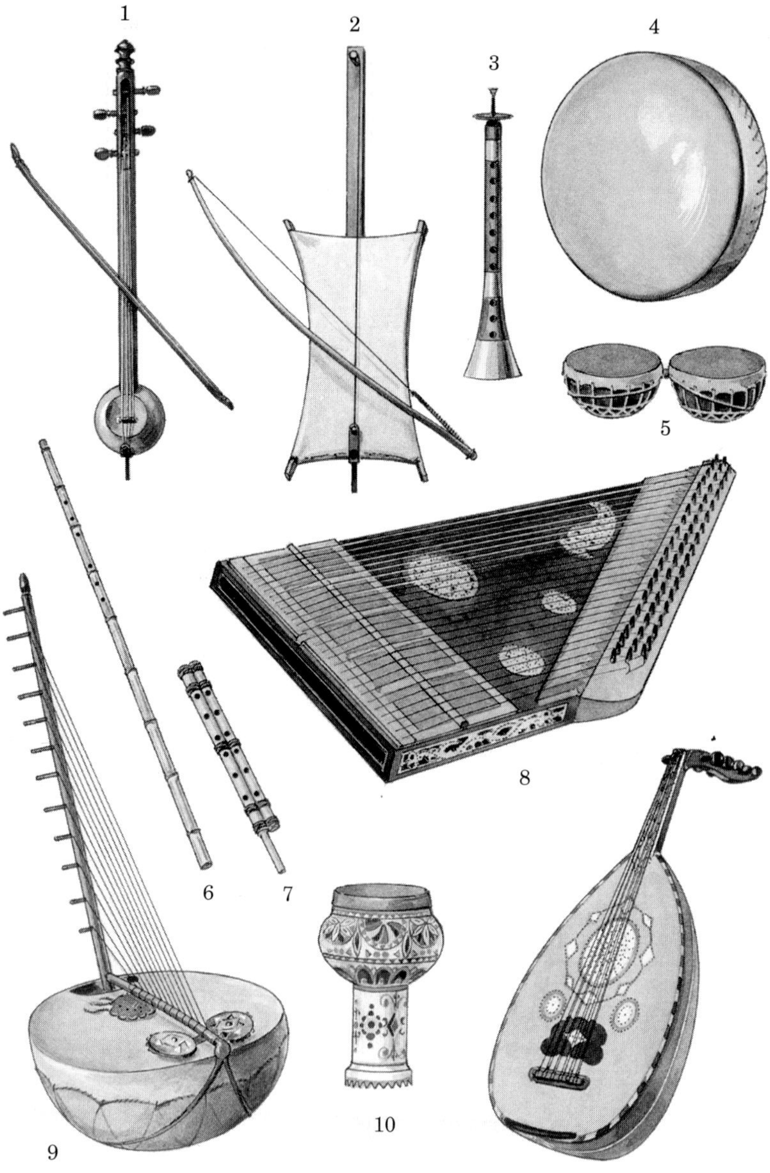

1 rababat al-mughanni (djauza) 2 rabab al-shair 3 mizmar 4 bendir 5 naqqarat 6 nay 7 arghul (zummara) 8 qanun 9 simsimiyya (ardin) 10 darabukka (tabla) 11 ud

Vom Kairoer Kongreß zu den Ensembles der Musikhochschulen

Während die Konzerne nach dem Ersten Weltkrieg die wirtschaftliche Kontrolle über die Musik ausübten, versuchten die Musiker, die künstlerische Kontrolle zurückzugewinnen: Sie gründeten Schulen und Klubs und ersetzten das alte System der berufsständischen Anerkennung durch neue Formen des Musikunterrichts. Kurz vor den zwanziger Jahren begannen die Musiker auch, in den ersten Fachzeitschriften über ihre Arbeit zu diskutieren. Die Umrisse einer arabischen Musikwissenschaft zeichneten sich ab, als im März 1932 der Kongreß für arabische Musik in Kairo tagte.

Manyalawi starb 1911, Abd al-Hayy 1912; sie waren die letzten großen Erben der von Hamuli und Uthman begründeten Tradition, mit ihnen ging die Ära der mündlichen, auf Nachahmung beruhenden Musikausbildung zu Ende. Schon 1907 war auch die erste Schule für arabische Musik eröffnet worden: die des jungen Geigers Sami al-Shawwa und des *ud*-Spielers Mansur Awad. Nach ihnen gründete Iskandar Shalfun (1881-1934) 1920 die Musikschule Rawdat al-balabil (Garten der Nachtigallen) und die gleichnamige Musikzeitschrift, die acht Jahre lang erschien. Das Programm dieser Zeitschrift legte ein Modell fest, dem ab 1935 der Musikwissenschaftler Mahmud Ahmad al-Hifni aus der Berliner Schule folgen sollte: pädagogische Ausrichtung, Lehre des westlichen und des arabischen Tonsystems, Artikel über die großen Klassiker der europäischen Musik, moralisierender und nationalistischer Diskurs, Partituren der Instrumentalstücke aus der Kunstmusik. Die zeitgenössische Musikpraxis hingegen kam oft zu kurz oder wurde schlicht übergangen. Neben diesen Schulen europäischen Zuschnitts, die von Instrumentalisten ins Leben gerufen wurden, gründeten adlige Musikliebhaber 1913 einen orientalischen Musikklub, aus dem später das Institut für Orientalische Musik hervorgehen sollte. Gefördert von König Fuad, erhielt das Institut 1929 einen prunkvollen Palast in maurischem Stil, in dem 1932 der Kongreß tagte. Das Institut vertrat eine elitäre Sicht der orientalischen Musik (den Begriff »arabische Musik« gab es am Vorabend des Kairoer Kongresses noch nicht) und wollte das Erbe der Kunstmusik von einem akademischen und konservativen Standpunkt aus verteidigen. Als Reaktion auf diese aufgeklärten Laien, die zwar reformfreudig waren, aber von den Sorgen der Instrumentalisten nichts ahnten, wurde 1920 eine Musikergewerkschaft gegründet.

Der Kongreß von 1932, der vom Kulturministerium unter der Schirmherrschaft König Fuads veranstaltet wurde, war das Werk von Mahmud Ahmad al-Hifni, dem Musikbeauftragten des Ministeriums, einem Kollegen Robert Lachmans und Spezialisten für Ibn Sina (Avicenna) und al-Kindi. Nur wenige namhafte Musiker wurden zu den Gesprächen der unterschiedlichen Kommissionen eingeladen, wo sie mit den türkischen und europäischen Kongreßteilnehmern zusammentrafen. Zur Debatte standen Themen wie die arabische Tonleiter, Modi und Rhythmusabläufe, der Musikunterricht und die Geschichtsforschung. Die eingeladenen Musiker sollten entscheiden, welche Künstler und Stücke für die Nachwelt aufgenommen werden sollten.

Die europäischen Teilnehmer saßen einem Mißverständnis auf: Sie gingen analytisch vor und wollten unbedingt das von europäischen Einflüssen unverfälschte authentisch Arabische erhalten, das sie im Fall Ägyptens nur in der volkstümlichen Musik sahen. Die Presse und die Musikerkreise aus Ägypten hingegen erwarteten, daß der Kongreß die ägyptische Vorreiterrolle bestätigte, daß er den »Fortschritt« (die Operetten Sayyid Darwishs) anerkannte, der seit den zwanziger Jahren in der Entwicklung einer Nationalkunst errungen worden war, und den

Weg guthieß, den Muhammad Abd al-Wahhab und Umm Kulthum eingeschlagen hatten, die neuen Stars der sich im Umbruch befindlichen *takht*-Musik. Die Ägypter, ob sie nun Modernisten und Anhänger der harmonischen Musik waren und sich am westlichen Vorbild orientierten, oder ob sie für »Wissenschaftlichkeit« eintraten und das Repertoire der Kunstmusik bewahren wollten, hatten einen gemeinsamen Feind: den musikalischen Archaismus und die Folklore – und ausgerechnet in diesen Formen suchten die vergleichenden Musikwissenschaftler aus Europa nach Authentizität!

Zu den Folgen des Kongresses gehörte, daß die Musik, die ein breites Publikum ansprach, nicht mehr mit der Ästhetik der Nahda übereinstimmte. Die Musik der Nahda galt von nun an als »alter Stil« (*qadim*) – im Gegensatz zum »modernen Stil« (*gadid*), der gegen Ende des Jahrzehnts seinen Siegeszug antrat. Die »alte« Musik, zu einem Teil des Erbes geworden, verschwand aus den Medien. Ihr Aktionsradius beschränkte sich von nun an auf die Salons einiger Musikliebhaber und auf das Königliche Institut für Arabische Musik, das Mustafa Rida Bey, ein adliger *qanun*-Spieler, leitete, bis er 1950 starb. Anders als im Westen zog die Kunstmusik in Ägypten nie ein großes Publikum an. Die Regierung Nassers interessierte sich erst ziemlich spät für das musikalische Erbe, da die Vertreter der Hauptströmung (Umm Kulthum und Abd al-Wahhab) der neuen Regierung gegenüber einen Treueschwur geleistet hatten und dafür sorgten, daß das Prestige und die kulturelle Vorherrschaft des Landes »vom Persischen Golf bis zum Atlantik« reichten. 1967 wurde ein Ensemble für arabische Musik gegründet (*firqat al-musiqa al-arabiyya*), das sich der Kunstmusik widmete und der Aufsicht des Kulturministeriums unterstellt war. Das Orchester – zwanzig professionelle Instrumentalisten und zahllose Chorsänger – stand unter der Leitung von »Maestro« Abd al-Halim Nuwira (1916-1985). Nuwira setzte neue ästhetische Maßstäbe für die Darbietung der überlieferten Kunstmusik – der *adwar*, der *qasaid* und vor allem der *muwashshahat*, auf die er seinen Schwerpunkt gelegt hatte. Seine Ästhetik hatte nichts mehr mit dem Geist zu tun, in dem diese Stücke geschaffen worden waren, aber sie beeinflußt noch heute die Ensembles der ägyptischen Musikhochschulen: Die Stücke werden im Chor gesungen; die Partituren, die mit Hilfe von »Überlieferern« erstellt werden, sind genau einzuhalten; das Spiel der Geigen wird vereinheitlicht; man verzichtet auf Wiederholungen und Improvisationen; an die Stelle des *tarab* tritt die Suche nach einer neuen Expressivität; der *takht* wird durch ein großes Orchester, der *mutrib* durch den Chor ersetzt, und der künstlerische Leiter legt eine sakrosankte Melodielinie fest, an der nicht gerüttelt wird. Diese Maßnahmen sollten einerseits eine »wissenschaftliche« Interpretation des Erbes ermöglichen und dieses so von der »Schlacke« individueller Improvisationen reinigen. Zweitens sollten grandiose orchestrale Arrangements ein breiteres Publikum ansprechen.

Am Institut für Arabische Musik, das in Höheres Institut für Arabische Musik umbenannt und von seinem Palast in der Ramses-Straße in die Akademie der Schönen Künste in die Außenviertel des Pyramidenbezirks verlegt wurde, entstand Anfang der siebziger Jahre auf Initiative von Ratiba al-Hifni ebenfalls ein Ensemble, das nach dem Tod der Sängerin Umm Kulthum im Jahre 1975 deren Namen übernahm (*firqat Umm Kulthum*). Das Ensemble setzte sich zum Teil aus Studenten des Instituts zusammen und räumte dem solistischen Gesang wieder einen gewissen Platz ein, wobei Improvisationen allerdings nach wie vor verboten waren. Außerdem bezeichnete das Ensemble sein Repertoire nicht mehr als »Kunstmusik«, sondern als »altes Erbe«, und hatte einige Unterhaltungsstükke der Jahre 1920-1950 im Programm. Schließlich wurde 1988 im Rahmen der Kairoer Oper das Nationale Arabische Ensemble für Musik gegründet, mit dessen Leitung der libanesische Dirigent Salim Sahhab betraut wurde. Es sollte sich dem arabischen Erbe im weitesten Sinne – nicht nur dem ägyptischen – öffnen. Dennoch werden die Maßstäbe Nuwiras wohl noch lange gültig bleiben. Diese Ensembles genießen ein hohes Ansehen, haben aber nur Achtungserfolge zu verbuchen; wirtschaftlich spielen sie keine Rolle. Wahrscheinlich liegt das daran, daß es keine großen Sänger gibt, die sich einem solchen Repertoire widmen wollen. Zwei Feststellungen drängen sich auf: Es gibt in Ägypten kein etabliertes Ensemble vom Typ *takht*, das die Musiktradition der Nahda im alten Geist fortführt. Nur Solisten aus Syrien (Sabah Fakhri, Sabri Mudallal), Tunesien (Lufti Bushnaq) und dem Libanon spielen dieses Repertoire noch in einer Form, die annähernd der ihrer Entstehungszeit gleichkommt. Zweitens sind die derzeit aktiven Unterhaltungskünstler (Ali al-Haggar, Muhammad al-Helw) zwar mit dieser Musik groß geworden, doch hat noch keiner von ihnen versucht, sich dieser Musik in einem anderen Rahmen als dem der staatlichen Ensembles zu widmen, um eine Profikarriere zu starten und die Musik privatwirtschaftlich zu vermarkten.

4. Kapitel

VOM KUNSTGESANG ZUM LIED

Als der Erste Weltkrieg vorbei war, verloren die Kunstmusik und ihre elitäre Ästhetik allmählich ihre Monopolstellung auf den Kairoer Musikbühnen. Der Umschwung vom Kunstgesang zum Lied und zur Unterhaltungsmusik ging in zwei Schritten vor sich: Kaum war der Krieg vorbei, wurden Bühne und Schallplattenproduktion im Sturm von der *taqtuqa* erobert, einem anspruchslosen Lied mit Refrain, das von einem *takht* und manchmal von Sängern mit klassischer Ausbildung interpretiert wurde. Die *taqtuqa* entstammte ursprünglich dem Repertoire der Hochzeitssängerinnen; sie entwickelte sich zu einer moderneren Form, die bald sowohl von Frauen als auch von Männern gesungen wurde, und begann in den Wirren der Kairoer Roaring Twenties, dem Kunstgesang den Rang abzulaufen. Das für orientalische Verhältnisse manchmal schon fast derbe Unterhaltungsrepertoire wurde von den namhaftesten Vertretern des traditionellen *takht* gesungen, während die Hochzeitssängerinnen sich nun als Bühnenkünstlerinnen mehr oder weniger erfolgreich im klassischen Repertoire versuchten.

Die zwanziger Jahre waren auch das goldene Zeitalter der Operette, die sich von einem auf die Bühne verlagerten *tarab* à la Salama Higazi verabschiedete und westlichen Einflüssen öffnete: Die europäische Unterhaltungsmusik überschwemmte die Kairoer Musikszene, so daß Béla Bartók am Vorabend des Kongresses von 1932 von der »verheerenden Wirkung« dieses Repertoires auf die ägyptische Musik sprechen sollte. *Taqatiq*, Operettenarien, Komödienmonologe und -dialoge, die den Varieté-Programmen eingefügt wurden, bildeten den »volkstümlichen« Teil einer noch jungen Unterhaltungsmusik. Unterhaltungsmusik (*munawwaat*) – manche ägyptische Musikwissenschaftler sprechen auch von »Alltagsmusik« (*al-musiqa al-shaia*) – ist hier als in großem Maßstab vertriebene Musik zu verstehen, deren Geburtsstunde mit der Entwicklung von Schallplattenindustrie und modernen Medien zusammenfiel. Sie wurde von Künstlern mit klassischer Ausbildung gespielt, sprach aber ein breiteres Publikum an, das diese Musik auch ohne musikalische Vorbildung genießen konnte.

VOM SCHLAGER ZUR EDLEN UNTERHALTUNGSMUSIK

In der Unterhaltungsmusik der zwanziger Jahre sprach das Lied gelegentlich die Sprache der Straße und spiegelte die Träume und Sorgen der Gesellschaft wider. Im Laufe des Jahrzehnts entwickelte sich die *taqtuqa* zu einem Kaleidoskop subjektiver Eindrücke, das die Situation der Kairoer Frauen zur Zeit der Nahda zeigte. Gegenüber diesem Unterhaltungsrepertoire versuchte die Kunstmusik, sich von der *wasla* aus der Khedivenzeit zu lösen. Es gab immer noch Bedarf an künstlerisch anspruchsvoller Musik, und Anfang der dreißiger Jahre wurden die Texte wieder zurückhaltender – die herrschenden Moralvorstellungen und der Neoklassizismus besiegelten das Schicksal der *taqtuqa*. Es war auch mit der Ästhetik des 19. Jahrhunderts vorbei: Die Kunstmusik konnte fünfzehn Jahre Musiktheater, Varieté und Programmusik nicht einfach übergehen, sie mußte die Forderungen nach festgelegten Melodien und nach außerarabischen Einflüssen zur Kenntnis nehmen. Das gebildete Publikum konnte nicht zu einer Musikrichtung zurück, die doppelt an Prestige verloren hatte – durch ihr adliges türkischstämmiges Publikum und durch das kämpferische und rückwärtsgewandte Analphabetentum der letzten Vertreter dieser Kunst, die von der Presse mit größtem Vergnügen als archaische Gestalten aufs Korn genommen wurden, die in der Vergangenheit, in der Zeit »unseres großen Effendi«, des Khediven Ismail, steckengeblieben seien...

Die *takht*-Musik und die Tradition Hamulis wurden nach und nach von einer gehobenen Form der Unterhaltungsmusik verdrängt, vom Liebesmonolog und einem neuen Typ der »edlen *taqtuqa*«, der um 1930 auftauchte. Die Komponisten und Interpreten waren sich nicht immer bewußt, daß sie mit der Tradition der Nahda gebrochen hatten, und bildeten sich gerne ein, sie würden das Fortbestehen der Kunstmusik sichern, indem sie sie erneuerten und volkstümlicher machten. Dabei hatte sich die Ästhetik grundlegend verändert. Zwischen 1925 und 1935 verlor das Erbe Hamulis und seiner Schule an Bedeutung und wurde fortan zum alten Stil gezählt, den Hamulis Epigonen mehr schlecht als recht gegen die Erneuerer Abd al-Wahhab und Umm Kulthum verteidigten. Die neuen Gattungen, die von diesen beiden Galionsfiguren des modernen Stils und der Schar ihrer Begleitmusiker in Umlauf gebracht wurden, verdrängten nach und nach die vom Untergang bedrohten Musikgattungen der Nahda wie den *muwashshah* und den *dor*. Die edle *taqtuqa* fand Eingang ins Repertoire der namhaftesten Sänger; der Begriff *ughniya* (Lied) ersetzte die alten Kategorien. Der *takht* mutierte zum Orchester, die Zahl der Geigen und anderer Streichinstrumente nahm zu, die Sprache der Musik wandelte sich durch den Vorstoß einer teils erlittenen, teils gewollten Anpassung an die westliche Kultur grundlegend.

Die *taqtuqa* der zwanziger Jahre

Über die Herkunft des Wortes *taqtuqa* wird immer noch spekuliert. In den zwanziger Jahren galt es als Neologismus, der an den Anschlag der *riqq* oder der *darabukka* erinnerte. Aber das Wort gab es schon früher; ursprünglich bezeichnete es das Lied mit Refrain aus dem Repertoire der Hochzeitssängerinnen, ab 1914 stand es dann für eine Form, die auf die Normen der Plattenindustrie zugeschnitten war.

Die moderne *taqtuqa* war ein Stück, das eigens für die sechs bis acht Minuten Spielzeit einer Schallplatte komponiert wurde. Text und Musik waren Eigentum der Plattenfirmen. Sie begann mit einem Refrain (*maddhab*) aus zwei bis fünf dialektalen Halbversen und war mit zahlreichen Kreuzreimen oder Assonanzen gespickt. Der Refrain wurde von Solist und Chor gemeinsam über eine eingängige Melodie gesungen. Während der zwanziger Jahre nahm der *maddhab* eine ausgefeiltere Form an; zu jedem Halbvers gab es eine andere Melodiephrase, die mit der vorausgegangenen nur durch instrumentale Überleitungen verbunden war (*lawazim*). Durch Veränderungen der Tonhöhe um einen Halbton nach oben oder unten wurde die Struktur manchmal sehr komplex, und die Stücke, die Zakariyya Ahmad (1896-1961) für Salih Abd al-Hayy komponierte, zeigen, mit wieviel Sorgfalt diese Unterhaltungslieder komponiert wurden. Im Anschluß an den Refrain stimmte der Sänger die Strophe (*far* oder *ghusn*) ohne Chorbegleitung an. Sie bestand aus zwei bis fünf Zeilen, wobei der letzte Halbvers schon wieder zum Refrain gehörte. Alle Strophen hatten die gleiche Melodie, die sich aus zwei bis fünf Phrasen zusammensetzte. Die Phrasen wurden in den hohen Lagen des Modus ausgeführt, die sie sporadisch verließen. Die letzte Phrase leitete zum Refrain über. In das Stück im *wahda*-Rhythmus (4/4) wurden gelegentlich synkopische Sequenzen eingebaut, in denen Solosänger und Chor einen kurzen Wechselgesang vortrugen.

Die Stücke der zwanziger Jahre ließen im allgemeinen nur wenig Spielraum für die persönliche Kreativität des Interpreten, außer wenn es sich um so erfindungsreiche Künstlerinnen wie Munira al-Mahdiyya (etwa 1888-1965) handelte. Die »Sultanin des *tarab*«, eine junge Hochzeitssängerin mit durchdringender Stimme, die 1914 eine Theaterlaufbahn einschlug, versuchte sich abwechselnd in der Unterhaltungs- und der Kunstmusik und verwandelte ihr Hausboot auf dem Nil in einen renommierten Salon, in dem eines Tages sogar eine Kabinettssitzung stattfand. Noch heute erinnert man sich an ihre *taqtuqa* »Ein schöner Mann mit braunen Haaren hat meine Seele besessen« (»asmar malak ruhi«, um 1925). Diese *taqatiq* erforderten die Beherrschung der Kleinsttonschritte und einen großen Stimmumfang – mit den naiven Strophenliedern früherer Hochzeitssängerinnen hatten sie nichts mehr zu tun. Die für die Kunstmusik typische Erschließung der Modi wurde durch virtuose Ausschmückungen ersetzt. Mit der Einführung einer eigenen Melodie für jede Strophe und der Verwendung verschiedener Rhythmusabläufe war die höchste Entwicklungsstufe der *taqtuqa* erreicht. Auf sie folgte das moderne »Lied«, eine Erfindung des Komponisten Zakariyya Ahmad.

Für die Ägypter hängt die *taqtuqa* untrennbar mit den Wirren und den lockeren Sitten der Nachkriegsjahre zusammen. Die Trilogie des Romanautors Nagib Machfus beschreibt diese Zeit der skandalumwitterten Kurtisanen und zügellosen Sänger. Neben Munira al-Mahdiyya prägten noch andere Interpreten diese Epoche, wie zum Beispiel Abd al-Latif al-Banna (um 1884-1969), die »Nachtigall Ägyptens« (*bulbul misr*). Sein Fall verdeutlicht, zu welchen Exzessen Männer fähig waren, die eine traditionelle Erziehung genossen hatten und in der religiösen Musik groß geworden waren. Der Hymnensänger aus der Provinz Shabrakhit begann 1908 seine Laufbahn als *mutrib*, stellte aber bald fest, daß die modernen Schlager ein größeres Publikum anzogen. 1918 hatte er in Alexandria einen Riesenerfolg mit der *taqtuqa* des Komponisten Sayyid Darwish: »Warum lächelt der Nil, wenn ich hüftschwingend hinunterlaufe, um meine Krüge mit Wasser zu füllen?« Der *shaykh* wurde zum Effendi, und die Firma Baidaphon erkannte, welchen Nutzen sie aus seinem weiblichen Gesangsstil und seinem Männeralt ziehen konnte: Mit Hilfe des Komponisten Zakariyya Ahmad und des Texters Yunus al-Qadi, auch er ein abtrünniger *shaykh*, schneiderte sie ihm ein Repertoire, das ihn wie einen Dandy aussehen ließ. Manchmal machte er sich zum Sprachrohr der Männer, die für die aus Europa importierte Frauenmode wenig Verständnis hatten, und erntete 1927 großen Erfolg mit dem Titel »Sachen gibt's, man glaubt es kaum!« (»yama nshuf hagat tegannen«). Das Lied brandmarkte die bürgerlichen Frauen aus Kairo, die nach dem Vorbild von Louise Brooks eine jungenhafte Frisur trugen – der Trend, auf den Schleier zu verzichten, war erst 1923 aufgekommen. Die Fotos in den Katalogen zeigen, daß »der Fürst der Sänger« der einzige Künstler war, der nicht mit dem damals üblichen Schnauzer protzte. Er trat auf wie ein schamloses Flittchen, das den Männern den Kopf verdrehen wollte, und wenn er sang, erinnerte sein Mienenspiel teils an Félix Mayol, teils an die *mukhannathin*, die verweiblichten Männer am Hofe der Abbassiden.

Erwähnenswert ist auch der *shaykh* Amin Hasanayn (um 1889-1965), auch er ein auf Abwege geratener *munshid* mit wundervoller Stimme, der sowohl geistliche *qasaid* als auch Kaffeehausmelodien sang, sich niemals von seiner Kognakflasche trennte und schließlich wegen Haschischgeschäften in Tunis verhaftet wurde. Zu den großen Interpreten dieser Zeit gehörten auch die Sängerinnen Naima al-Masreyya und vor allem Ratiba Ahmad, in deren *taqatiq* es hauptsächlich um das häusliche Leben ging: der saufende Ehemann, Vielweiberei, Schwiegermutter, Zauberpraktiken, um den untreuen Gatten zurückzuerobern. Aber der herausragendste Sänger war Salih Abd al-Hayy (1896-1962), ein Neffe des großen *mutrib* Abd al-Hayy Hilmi, der sowohl in *taqatiq* glänzte, in denen es um Liebe oder soziale Themen ging, als auch in der Kunstmusik à la Hamuli. Als einziger blieb er bis Ende der fünfziger Jahre der Tradition des *takht* treu – was ihm einigen Hohn und den Spottnamen »der Esel aus dem Radio« einbrachte.

Die Themen der *taqatiq* waren breitgefächert, können aber auf ein paar ständig wiederkehrende Motive reduziert werden. Die aus dem Repertoire der Hochzeitssängerinnen hervorgegangenen Lieder drehten sich nach wie vor oft um die Ehe. Aber der traditionelle Text, der die weibliche Schönheit besang, trat in den Hintergrund. In den zwanziger Jahren forderten die Sängerinnen Entscheidungsfreiheit und protestierten gegen die Zwangsehen. Dreiste junge Frauen wurden zu den Hauptfiguren der Lieder. Aus ihrem frechen Auftreten entsteht die Komik solcher Lieder wie »Sprich mich ja nicht an« (»ewa tkallemni« von Amin Hasanayn), einem der erfolgreichsten Schlager aus der Zeit um 1927:

Sprich mich ja nicht an, Vater geht hinter mir!
Wenn er dich sieht, macht er mir die Hölle heiß
Kapiert? Sprich mich ja nicht an
Verzeih mir, mein Schatz, aber Vater ist so streng
Aus allem macht er ein Drama
Wenn er mich mit dir sieht und mich wiedererkennt
macht er mir eine Szene und schlägt im Viertel Alarm
Verschwinde, bleib nicht neben mir

Warte am Ende der Straße
Sprich ja nicht zu mir, er geht hinter mir.

Schick deine Mutter zu meiner, damit sie ihr was vormacht
Und mach dir keine Sorgen um die Mitgift, ich verkaufe für dich meinen Schmuck
Wir tauschen ihn ein gegen unechten Ramsch
Niemand wird's wissen, und wir werden wie Könige leben.

Unter dem Druck der Pionierin des ägyptischen Feminismus, Huda Shawari (1879-1947), erließ die Regierung 1924 ein Gesetz, das die Richter dazu veranlassen sollte, das Alter der jungen Bräute zu überprüfen, bevor sie der Heirat zustimmten. Die Konservativen stemmten sich gegen das Gesetz und höhlten es aus: Die Vormünder wurden nicht dazu verpflichtet, das Alter der Bräute nachzuweisen, und die Institution Standesamt war auf dem Land noch sehr unterentwickelt. Trotzdem ergriff Salih Abd al-Hayy in seiner *taqtuqa* »Ihr Vater ist einverstanden« Partei für die protestierenden Männer (vergleiche CD, Stück 22):

Ihr Vater will's, und ich will es auch
Das geht Sie also gar nichts an, Herr Richter
Die Kleine ist dreizehn Jahre alt
Aber ihr Gesicht ist wie ein vierzehntägiger Mond
und ihr Körper ist gottlob der einer reifen Frau.

Manchmal sprach aus den Texten der *taqtuqa* eine rückwärtsgewandte Opposition gegen alles Neue, aber die Autoren solcher Texte legten den Sängerinnen auch emanzipatorische Worte in den Mund. Mit Pathos oder Komik verurteilte man die Zwangsehe und vor allem die Polygamie, die in den Städten schon an Boden verlor. Ein Beispiel: »Schreib dir das hinter die Ohren« von Salih Abd al-Hayy (»yekun fe elmek«, um 1927):

Ich nahm dich als meine zweite Frau, wenn dir das nicht paßt, kannst du ja gehen
Kehr zu deinen Eltern zurück, mach mir keine Scherereien
Ich habe keine Zeit, hier den Richter zu spielen.

Du bist schön, sie ist schön
Eine Nacht bei der einen, eine Nacht bei der anderen
Ich weiß nicht mehr, was ich mit dir anfangen soll
Brauchst mir keine Szene zu machen.

Worauf die vernachlässigte Ehefrau antwortet:

Laß mich ein für allemal in Ruhe
Ich ertrage die Glut einer Nebenfrau nicht mehr
Ich bin auf dich gefallen, du warst der erste:
Meine Eltern hatten entschieden (...)
Der anderen bringst du Geschenke zuhauf
Und ich schaue verbittert zu
Wir müssen uns trennen, nimm deine Kinder zurück
Ich überlasse dir all meine Rechte. Befrei mich von dir!
(Ratiba Ahmad, um 1929)

Vom Thema Ehe ist es nur ein kleiner Schritt zur Liebe. In den *taqatiq* hatte sie viele Gesichter: Sehnsucht (wie im klassischen Repertoire), Trennungsschmerz, Aufbegehren oder Resignation des Mannes, wenn die Geliebte mit seinen Gefühlen spielt. Aber der Schmerz ist nicht beherrschend auf dem Feld der Liebe: Verführungsspielchen, Ausschweifungen, Neckereien und Flirts gehörten zum Pflichtprogramm, wenn man in den Varietés des Azbakiyya Erfolg haben wollte. Das kesse, gerissene Mädchen, an der Grenze zur Verwestlichung und zur Prostitution (die Trennungslinie ist oft verschwommen), wurde zu einem Fantasiegeschöpf, mit dem die Sängerinnen ihr Publikum köderten.

> Mach dir keine Sorgen um mich, ich bin nicht auf den Kopf gefallen
> In der Liebe hab ich gute Noten
> Mach dir keine Sorgen um mich.
> (...)
> Wenn mir jemand gefällt
> Ist mir Vater ganz egal
> Mach du mir also eine Freude und komm nach Embaba
> Tanz mit mir in deiner Feluke
> Wir werden uns gut amüsieren, wir werden unsern Spaß haben
> Und wenn dir danach ist, spielen wir das Spiel, das dir gefällt
> Mach dir um mich keine Sorgen.
>
> (Munira al-Mahdiyya, um 1925)

Diese nicht sehr realistisch gezeichneten Frauengestalten konnten nur der Kaste der Sängerinnen und Komödiantinnen angehören, deren Fotos jede Woche in Magazinen wie *Rose al-Yusuf* oder *Al-Masrah* (Das Theater) erschienen, die über hauchdünne Abendkleider und das Strandleben in Ras al-Barr berichteten. Die Frauen aus dem Volk tauschten indessen den Schleier gegen die *besha mkharraqa* ein, einen kleineren, löcherigen Schleier, der das Gesicht erahnen ließ, und die Damen der Bourgeoisie trauten sich endlich ohne ihren seidigen *izar* auf die Straße, den langen schwarzen Überwurf, mit dem sie ihren Kopf und ihre bunten Kleider verhüllten. Je weiter das Jahrzehnt fortschritt, desto weniger war von »jungen Anmacherinnen« die Rede. Noch machte man sich lustig über die Frauen, die bei der Polizei oder in der Verwaltung arbeiten wollten, aber einige forderten in ihren Liedern bereits wie die Engländerinnen das Frauenwahlrecht. Es fällt auf, daß viele französische Wörter als komische Effekte in die Liedtexte eingestreut wurden. Ein Beispiel ist der berühmte Refrain aus Salih Abd al-Hayys »Er trägt Dschellaba und Kaftan« (»labes gebba we qoftan«, um 1927). Das Lied macht sich über einen heuchlerischen Frömmler lustig, der »bei den ausländischen Kätzchen« Süßholz raspelt und ihnen in der Sprache Molières »bonjour, pardon, merci, à la mode« zuraunt.

Schließlich war die *taqtuqa*, als Großbritannien seine Herrschaft über Ägypten etwas lockerte und das Land 1923 nominell in die Unabhängigkeit entließ, auch noch ein geschütztes Sprachrohr nationalistischer Bestrebungen. Der Schlager sympathisierte oft mit dem Wafd, der großen liberalen Oppositionspartei, die für die Unabhängigkeit kämpfte. Die Sänger feierten den 1919 von den Engländern verschleppten Rechtsanwalt Sad Zaghlul (1857-1927) und machten sich seinen doppeldeutigen Namen zunutze – *zaghlul* bedeutet Küken –, um sich in unzähligen *taqatiq* vor Spatzen und Jungvögeln zu verneigen. Die Ausgrabungen im Tal der Könige waren für die Ägypter ein Anlaß, an die pharaonische Vergangenheit anzuknüpfen, die sie bis dahin kaum interessiert hatte. Als 1923 das Grab Tutanchamuns entdeckt wurde, begeisterten sich die Intellektuellen für den »Pharaonismus«, der die kulturelle Kontinuität zwischen der glorreichen Vergangenheit und der entstehenden Nation feierte. Munira al-Mahdiyya etwa sang: »Du wirst nie eine zweite finden wie mich, und wenn du die ganze Welt umsegelst – unser Großvater heißt Tutanchamun!« (»ma yegibsh zayyi en laff el-kon«, um 1925).

Musiktheater und Operette

Vor dem Ersten Weltkrieg beherrschte der *shaykh* Salama Higazi die Bühne des Musiktheaters fast allein, aber noch vor Kriegsende verfiel Kairo einer wahren Operettenleidenschaft, ein Zustand, der anhielt, bis 1933 der Musikfilm aufkam. Die Schauspieltruppen mit ihren wechselnden Besetzungen lösten sich auf und setzten sich wieder zusammen. Sie gruppierten sich um herausragende Persönlichkeiten, unter denen die bedeutendsten die Gebrüder Ukasha waren, ehemalige Partner von Higazi, Schauspieler und Sänger, die sich im Theater der Azbakiyya-Gärten niederließen und manchmal auch an der Kairoer Oper gastierten, um Musiktragödien aufzuführen. Bekannt ist auch Ali al-Kassar (1889-1957), ein begabter Komiker, der die Figur des »guten Barbarin« erfand und auf die Handlung bezogene *taqatiq* in seine Schauspiele einbaute; Nagib al-Rihani (1891-1949), ein theaterbesessener Bankangestellter, stellte eine Schauspieltruppe zusammen, machte sich 1916 unabhängig und schuf die Gestalt des »Kish-Kish Bey«, eines leichtgläubigen und vornehmen Herrn aus der Provinz, der nach Kairo kommt, dort sein Vermögen verschleudert und in den Theaterstücken tausenderlei satirische Abenteuer erlebt. Munira al-Mahdiyya war die erste muslimische Ägypterin, die um 1914-1915 eine Theaterbühne bestieg. Sie mietete die renommiertesten Schauspielbühnen für Aufführungen, in denen sie die Hauptrolle übernahm, und Saison für Saison widmete sie sich abwechselnd dem Gesang im *takht* oder dem Theater. Den Höhepunkt ihres Erfolgs feierte sie 1927, als sie zusammen mit Muhammad Abd al-Wahhab in einer Inszenierung von »Kleopatra und Antonius« (»Kilubatra wa-Antunyu«) auftrat.

In der Kunst Higazis kündigte sich bereits an, daß die *tarab*-Ästhetik keine Zukunft haben würde. Der *shaykh* hatte in »Izat al-muluk« (»Telemach«) versucht, den orientalischen *takht*, der ihn begleitete, durch ein Orchester europäischen Zuschnitts zu ergänzen, in dem auch Ägypter mitwirkten, die Noten lesen konnten. Theatermusikaufnahmen der Nachkriegszeit zeigen, wie dominant die ausdrucksstarke Darstellung von Gefühlen (*tabiriyya*) und die Verbildlichung (*taswiriyya*) in der Kunst der Sänger, Komponisten und Schauspieler geworden war. Neben Sayyid Darwish (1892-1923) glänzten in der Operette auch Komponisten wie Dawud Husni (1870-1937), der sich zuvor in der *takht*-Musik hervorgetan hatte und im Bereich der *dor*-Komposition als Nachfolger von Muhammad Uthman galt, im Bereich der *muwashshah*-Komposition als Nachfolger von Kamil al-Khulai.

Es war offensichtlich ein typisches Merkmal des Musiktheaters, daß im Orchestergraben ein Orchester westlichen Zuschnitts spielte, unter der Leitung von Monsieur Casio oder von Mahmud al-Khattab, zwei Dirigenten und Arrangeuren, mit denen in den zwanziger Jahren alle Truppen zusammenarbeiteten. Die Lieder waren oft *muwashshahat*, die der Dramenhandlung angepaßt wurden, auch »Monologe«, das heißt beschreibende Rezitative, »Dialoge« oder Militärmärsche in einer Dur-Tonart. Oft benutzte man arabische Modi, die auf temperierten Instrumenten gespielt werden konnten, so zum Beispiel in den Arien von Sayyid Darwishs Stück »Shahwazad« aus dem Jahre 1921. Diese experimentellen Stücke entsprachen nicht mehr dem Geist des *tarab*, gehörten aber auch nicht in den Bereich der Oper, den die Komponisten nur oberflächlich kannten.

Ganz anders waren die Singspielmelodien, die dieselben Komponisten für Kish-Kish Bey oder den Barbarin geschrieben hatten. Diese Lieder stellten geringere Anforderungen an die Interpreten und konnten nach der Vorstellung von den Zuschauern nachgeträllert werden. Es waren eingängige, leicht tanzbare Melodien – nicht zu vergleichen mit den betrüblichen Versuchen, die Oper nachzuahmen, durch die die sogenannten ernsten Stücke zur Farce wurden. Besondere Beachtung verdienen die Erfolge von Sayyid Darwish, der die gesellschaftskritischen Texte des großen Dialektdichters Badi Khayri vertonte. Im allgemeinen aber stießen die Versuche, eine orientalische Oper zu schaffen, beim Publikum nur auf mäßiges Interesse – Darwishs Werk »Al-Baruka« wurde von den nationalistischen Musikwissenschaftlern gefeiert, war wirtschaftlich aber ein Flop. Aber die Intellektuellen sahen in diesen Stücken die Zukunft und begeisterten sich für sie. Das erklärt, warum die Ägypter auf dem Kairoer Kongreß so sehr darauf pochten, daß Ausschnitte aus Sayyid Darwishs Werken aufgenommen wurden, während die westlichen Musikwissenschaftler eher skeptisch reagierten.

Sayyid Darwish

Dieser Komponist aus Alexandria, der 1923 sehr jung starb, wurde zu Lebzeiten vom Publikum kaum beachtet, erlangte aber bereits kurz nach seinem Tod Kultstatus und wurde wie ein Held verehrt. Nationalistische Musikhistoriker sahen in ihm den Begründer einer »ägyptischen Musik«, der ohne osmanische und europäische Einflüsse zu seinem Stil gefunden hatte und sich ohne Bedenken vom Gesang der Straßenverkäufer, Arbeiter, Bauern und Matrosen anregen ließ, um der Seele des Volkes eine Stimme zu geben. Tatsächlich aber gab es im Werk Sayyid Darwishs vier Komponenten. Er schrieb erstens klassische Musikstücke in der Traditionslinie Hamulis und Uthmans, *muwashshahat* und *adwar*, in denen sich vereinzelt europäische Einflüsse bemerkbar machten: ein paar als Arpeggio gespielte Akkorde in den *ahat*, genau festgelegte *lawazim*, sparsamer eingesetzte Improvisationen in den Gesangs- und Instrumentalparts – alles Elemente, die ihn als einen Modernisten auswiesen. Er komponierte zweitens – was seinem Ruf als Sympathisant der nationalen Unabhängigkeit sehr zugute kam – zauberhafte Melodien zu den witzigen oder politischen Texten, die Badi Khayri für den Barbarin oder Kish-Kish Bey schrieb: das »Lied der Kellner«, das »Lied der Arbeiter«, das auf den vom Kolonialherrn geschürten Konflikt zwischen Kopten und Moslems anspielte und auf den Beschluß, auf das Nilwasser Gebühren zu erheben, das »Lied der Beamten«, das verborgene Hinweise auf die Revolution von 1919 und die damit verbundenen Streiks enthielt. Drittens schrieb er wie andere Komponisten auch *taqatiq* über Liebe und Flirts oder politische Unabhängigkeit. Viertens versuchte er sich in der Oper.

Das Besondere an Sayyid Darwish war, daß er sich bewußt auf die Seite des *gadid*, der musikalischen Erneuerung, schlug. Als er Turban und Kaftan ablegte, ging es ihm nicht nur um Kleiderfragen. Der Schauspieler Zaki Tulaymat fragte ihn eines Tages, warum er den *takht* aufgegeben habe. Er antwortete, er habe ihn hinter sich gelassen, als er den europäischen Kleidungsstil übernommen habe. Als gebildeter Musiker beteiligte er sich an den Diskussionen seiner Zeit, schlichtete beispielsweise die haarspalterische Querele zwischen dem Komponisten Iskandar Shalfun und dem Theoretiker und Lautenspieler Mansur Awad, die sich über die Notationsweise der Vierteltöne nicht einigen konnten. Sein Wille, sich an den Westen anzulehnen, war mehr als offenkundig, dennoch galt er in der Geschichte der neueren Musik als *der* Verfechter der ägyptischen Identität. Für seine Zeitgenossen waren Offenheit für äußere Einflüsse und Engagement für die nationale Unabhängigkeit eben durchaus vereinbar. Keiner, der die Musik in den zwanziger Jahren erneuern wollte, indem er Harmonien und eine ausdrucksbetonte Spielweise einführte und auf Vierteltöne verzichtete, leugnete jemals seine ägyptische Identität. Alle wollten vielmehr die Gestaltungsprinzipien übernehmen, die für sie das Moderne darstellten, ohne jemals die Schattenseiten des imperialen Europa, sprich: den Kolonialismus, zu unterstützen. Im Gegenteil, die Anhänger der *takht*-Musik, die sich gegen äußere Einflüsse wehrten, stammten aus der Aristokratie und verloren in den Augen der Modernisten jede Glaubwürdigkeit durch ihre Loyalität gegenüber einer Herrscherfamilie, die den Wafd bekämpfte und sich zur Handlangerin Großbritanniens machte.

Der Monolog und die edle *taqtuqa*

Es läßt sich nicht genau sagen, ab wann das Repertoire der Nahda zum alten Stil gezählt wurde. Schon 1926 erschien in der Zeitschrift *Rose al-Yusuf* ein Artikel, der die Tradition des *takht* und das Festhalten an der klassischen Schule heftig kritisierte:

> Die orientalische Musik trägt immer noch ihre alten Lumpen, und die Musiker weigern sich, sie ihr auszuziehen. (...) Am seltsamsten ist, daß die Verfechter der ägyptischen Musik, die sich doch bemühen sollten, sie weiterzuentwickeln und zu vervollkommnen, sich lieber in die Ära Hamulis und Uthmans zurückversetzen. Sollten Sie eines Tages das Pech haben, auf einem ihrer Konzertabende zu landen, werden Sie nur Stücke hören wie »O meine Seele, möge das Glück dir wieder lachen« und andere, die genausowenig taugen, die wir schon tausendmal gehört haben, die uns tausendmal gelangweilt haben und die auch schon unsere Väter und Großväter gelangweilt haben.

Ab der zweiten Hälfte der zwanziger Jahre reagierte die Schallplattenindustrie auf die veränderten Erwartungen des Publikums, das eine neue *takht*-Musik wollte, also weder das überholte Repertoire aus der Khedivenzeit, noch die *taqatiq* mit ihren gesellschaftskritischen oder anzüglichen Texten. Die »neue Musik« äußerte sich in zwei Liedgattungen: im »Liebesmonolog« und in der edlen *taqtuqa*, einem Liebeslied in gehobenem Dialekt, in dem es zu jeder Strophe eine neue Melodie gab. Die Komponisten, die diesen Stil begründet hatten, waren die begabtesten Nachwuchsmusiker der alten Schule: Muhammad al-Qasabgi (1892-1966) und Muhammad Abd al-Wahhab (1911-1991) hatten den Monolog entwickelt, Zakariyya Ahmad die neue Form der *taqtuqa*. Zu den ersten Interpretinnen dieses Stils zählten vor allem junge Sängerinnen, die sich sowohl vom etwas zwielichtigen Milieu der Hochzeitssängerinnen als auch von den *shaykhat*, den Koranleserinnen oder traditionellen Sängerinnen, abgrenzen wollten. Umm Kulthum (1889-1975), Fathiyya Ahmad (1898-1976), aber auch Malak Muhammad, Marie Gubran, Nadira Amin oder Nagat Ali verfolgten diesen Weg, der die *mutribat* zur Achtbarkeit führte.

Der Liebesmonolog ging aus dem gesungenen Theatermonolog hervor und wurde vom *takht* gespielt. Erhalten blieb im Monolog der Trend zur Verbildlichung: Das im Text vermittelte Gefühl sollte durch den Fluß der Melodie, durch die Wahl der Tonart und des Rhythmus in ein musikalisches »Bild« gefaßt werden. Von gelegentlichen billigen Effekten einmal abgesehen, verschwanden die den Operngesang karikierenden Elemente allmählich. Der Monolog war ein Liebesgedicht in gehobenem Kairoer Dialekt mit verschiedenen Reimen und Versmaßen, ein klagendes Selbstgespräch des Sängers, bei dem keine Melodiephrase wiederholt wurde; jeder Gedichtzeile entsprach eine eigene Tonfolge. Manchmal war ein zweitaktiger Rhythmus wie die *wahda* vorgegeben, manchmal war das Stück taktfrei und bot viel Spielraum für alle erdenklichen Verzierungen.

Monologe, wie sie Qasabgi oder Abd al-Wahhab komponierten, brachen endgültig mit der Tradition der vorausgegangenen Schulen. In diesen Monologen waren die Melodien oft sehr lang, die Überleitungen von Phrase zu Phrase, die manchmal mit einem Tonartwechsel verbunden waren, liefen über festgelegte *lawazim*. Man bevorzugte seltenere Tonarten aus der osmanischen Tradition. Es wurde von den Interpreten nicht erwartet, daß sie die Komposition während der Ausführung umgestalteten, und es kam nie zu einem Dialog zwischen *takht* und Solosänger. Der Einsatz von Perkussionsinstrumenten war mehr als diskret, Heterophonie schien verboten. Da der Melodieablauf in etlichen Phrasen hochkomplex war, konnten nichtgelernte Musiker diese Stücke kaum ausführen. Diese Musik präsentierte sich als eine neue Form der Kunstmusik, modern und innovativ – und sie war es auch. Der von Umm Kulthum gesungene Monolog »en kont asameh« (»Wenn ich verzeihen würde«) zum Beispiel wurde 1928 als regelrechte Revolution begrüßt und war sofort ein Erfolg; der Komponist Qasabgi hatte einen seltenen Modus (*mahur*) gewählt und sich offensichtlich am westlichen Vorbild orientiert, denn das Stück wurde mit gebrochenen Akkorden eingeleitet.

Eine wichtige Rolle in dieser Entwicklung spielte auch Ahmad Rami (1892-1981). Als er 1924 nach Ägypten zurückkehrte, führte er einen neuen Sprachstil in die Lieder ein. Der Legende nach hörte Ahmad Rami in der Woche nach seiner Rückkehr aus Paris, wie die junge Sängerin Umm Kulthum eine jener *qasaid* vortrug, die er dem *mutrib* und Komponisten Abu al-Ila Muhammad geschenkt hatte: »as-sabbu tafdahuhu uyunuh« (»Den Liebenden verrät sein Blick«). Rami verliebte sich in die Sängerin, woraufhin er begann, nicht mehr nur in klassischem Arabisch zu schreiben und für sie, wie auch für alle anderen Künstler ihrer Generation, zu texten. Wohl etwas voreilig wurde behauptet, daß Rami sich nur auf Drängen der Sängerin als Dialektdichter versucht habe. Sein Übergang zum Dialekt war der geschickte Schachzug eines ehrgeizigen Dichters, der einiges aufbieten mußte, um gegen Khalil Mutran oder den »Dichterfürsten« Ahmad Shawqi anzukommen. Denn diese waren die erfolgreicheren Verfechter der neoklassischen und romantischen Schule. Nicht nur zwischen den Musikern Umm Kulthum, Abd al-Wahhab und Nadira entstand um 1930 ein Konkurrenzkampf, sondern auch, allerdings etwas diskreter, zwischen den Literaten Rami, Shawqi und al-Aqqad, die alle drei die künstlerische Entwicklung ihres jeweiligen Schützlings in die Hand nahmen.

Ahmad Rami stemmte sich in seiner Dichtung sowohl gegen die sozialkritischen oder frivolen *taqatiq* eines Yunus al-Qadi als auch gegen die verstaubten Vokabeln des Kunstgesangs. Zwar kehrte er zu Klage und Elegie zurück, aber mit den alten Klischees räumte er auf, um sie durch neue zu ersetzen. Er siebte den Wortschatz und rückte die Liebe wieder in den Vordergrund; in seinen Texten, von denen aus den zwanziger Jahren bis hin zu den letzten Liedern, die er für Umm Kulthum in den siebziger Jahren schrieb, fanden sich alle Zweifel des verbitterten und enttäuschten Verehrers wieder. Mit dem Erfolg dieses Dichters verschwanden die sozialen Themen endgültig aus dem Repertoire des ägyptischen Liedes. Der Monolog »en kont asameh« liefert ein gutes Beispiel für Ramis Schreibstil:

Wenn ich vergessen und verzeihen würde, wie grausam du warst
könnte ich mir niemals mehr in die Augen schauen
Ihre Lider sind welk von zu vielen Tränen
und weil sie wund sind, ließ der Schlaf sie im Stich
Du meinst, ich soll vergessen, ich soll mich erbarmen
doch wenn ich kurz davor bin, kann ich mich nicht überwinden.

Die *ghazal*-Dichtung im klassischen Repertoire der Nahda spiegelte die Pose eines Verehrers, der immer das gleiche Gefühl ausdrückte: Liebesschmerz. Rami, der von der französischen Romantik beeinflußt war, ersetzte diese Pose durch ein zögerndes Fragen, in dem gegensätzliche Gefühle aufeinanderprallten. Seine Sprache war eher metonymisch als metaphorisch; in seinen Texten hieß es eher »meine Liebe« als »ich liebe dich«, eher »mein Schmerz« als »ich leide«. Personen charakterisierte er durch ihre Eigenschaften, nicht durch ihre Handlungen. Der Geliebte wurde durch Substantive beschrieben: *qalbak, ruhak, qorbak, bodak, narak, hawak, redak* (dein Herz, deine Seele, deine Anwesenheit, deine Abwesenheit, deine Glut, deine Leidenschaft, deine Befriedigung) – eine rein abstrakte Darstellung der Lust. Der Name des Geliebten erschien nur in der unablässig wiederholten Anredeform *habibi* (mein Lieber), die, je nachdem, wie sie gesungen wurde, in tausend Bedeutungen schillern konnte und deren Mittelvokal endlose Modulierungen zuließ.

In seinen Liedern schuf Rami für die Sängerin Umm Kulthum eine Rolle ohne Alter, ohne feste Konturen, die aus purer Sinnlichkeit bestand. Jedesmal, wenn die Sängerin die Bühne betrat, schlüpfte sie in diese Rolle und erzählte die endlose Geschichte ihrer Empfindungen für einen treulosen Liebhaber, mit dem sie nicht mehr glücklich war, der sie aber immer noch in ihren Erinnerungen verfolgte. In den *muwashshahat* gab es Blicke, die wie Dolche oder Pfeile trafen, Wimpern, die verletzten, Gazellen, gewelltes Haar und Wespentaillen zuhauf – auf all dies verzichtete Rami; seine Texte nannten keine konkreten Dinge und bewahrten vom ägyptischen Dialekt nur das Grundgerüst. Dennoch erschien auch bei ihm die Liebesbeziehung als eine Entfremdung, die zur Neurose führte. In seinen außerordentlich populären Liedern fehlte jede Spur von indivduellem Gefühl. Jeder Zuhörer sollte sie auf sich beziehen und wie Konfektionskleidung für die eigenen Gefühle verwenden können. Die Texte stellten die Trennung als ein Scheitern dar, das Vergessen als Unmöglichkeit. Die Liebe konnte sich nie wiederholen: Leidenschaft war immer einmalig und schicksalhaft. Diese sentimentale Selbstgefälligkeit ist mit ein Grund, warum die Intellektuellen, insbesondere die »arabische Linke«, das arabische Lied in den siebziger Jahren so heftig kritisierten, während man heute paradoxerweise wieder Gefallen daran findet. Rami schuf ein Vokabular der Liebe und mußte sich dabei auf etwa hundert gängige Wörter beschränken. Ab den fünfziger Jahren begannen diese Lieder, sich selbst zu karikieren, und verloren ihren Sinn.

DAS GOLDENE ZEITALTER DER UNTERHALTUNGSMUSIK

Umm Kulthum, »der Stern des Orients«, und Muhammad Abd al-Wahhab, »der große Erneuerer«

Der »Modernismus« Abd al-Wahhabs und der »Traditionalismus« Umm Kulthums werden häufig als Gegensätze betrachtet. Man könnte sie aber auch als die beiden Seiten einer Medaille ansehen: Die beiden Künstler verfolgten eine unterschiedliche Taktik, sie hatten unterschiedliche ästhetische Maßstäbe, aber sie waren durch die gleiche Schule gegangen und ahnten beide Mitte der zwanziger Jahre, daß eine Nation, die sich ausdehnte und an ihre Zukunft glaubte, nach Neuem gierte und sich mit dem Musikerbe der Nahda nicht zufriedengeben würde. Beide entschieden sich für komponierte Musik und unterstützten die Umwandlung des *takht* in ein orientalisches Orchester, sie verabschiedeten sich vom Modell der *wasla* und stellten ein neues Liedkonzept vor, die moderne *ughniya*, in der Elemente der *wasla* aus der Khedivenzeit, der Monologe und der edlen *taqatiq* der dreißiger Jahre miteinander verschmolzen. Beide akzeptierten die Vereinfachung der Grundmelodie, damit das Publikum sie nachsingen konnte. Sie wurden nicht von der Entwicklung überrollt, sondern waren die künstlerischen Leitfiguren ihrer Generation, zwei Entscheidungsträger, die schon bald für ihren Berufsstand Verantwortung übernehmen sollten (ab den vierziger Jahren waren beide an der Spitze der Musikergewerkschaft aktiv), und beide waren bereit, die Politik Nassers zu unterstützen und sie zu nutzen, um ihre Vorherrschaft auf dem gesamten Feld der Musik zu festigen.

Beide Künstler wurden zu Beginn des 20. Jahrhunderts geboren und hatten einen vergleichbaren Werdegang. Muhammad Abd al-Wahhab (1911-1991) war Sohn des Muezzin und Koranlesers der Moschee Sidi al-Sharani im Kairoer Stadtteil Bab al-Shariyya. Als Jugendlicher begeisterte er sich für das Musiktheater, wurde als Wunderkind in verschiedenen Schauspieltruppen herumgereicht und erlangte als Nachahmer des *shaykh* Salama Higazi einen solchen Ruf, daß er mit siebzehn Jahren zwei *qasaid* des *shaykh* in seiner eigenen Fassung aufnahm. Anfang der zwanziger Jahre spielte er eigene *taqatiq* und *qasaid* in festem Taktmaß ein, die zeigen, wie stark er vom Stil Abu al-Ila Muhammads beeinflußt war, aber ab 1927 drückte er seinen Monologen und *qasaid* seinen eigenen Stempel auf.

Nabil Azzam hat in seiner Doktorarbeit alle modernen Stilelemente aufgezählt, um die Abd al-Wahhab die arabische Kunstmusik bereicherte: Er veränderte das Wesen des *takht*, als er Cello, Kontrabaß und Kastagnetten einführte und zahlreiche Zitate aus der europäischen Klassik (Verdi, Bizet, Beethoven, Tschaikowsky) in seine Musik einflocht, um zu beweisen, daß die beiden Kulturen vereinbar waren. Abd al-Wahhab war mit seiner samtenen Stimme und seinen romantischen Posen der erste Schnulzensänger Ägyptens. Viele sehen in ihm den Höhepunkt einer Darwinschen Evolution, die von Hamuli über Higazi und Sayyid Darwish lief; Musiker, die bei allen Unterschieden die gemeinsame Ambition hatten, eine »ägyptische Musik« zu erschaffen.

Umm Kulthum wurde in dem kleinen Dorf Sinballawen als Tochter eines *munshid* geboren. Zusammen mit ihrem Bruder Khalid lernte sie, religiöse *tawashih* zu singen und den Koran zu rezitieren. Auch sie wuchs als Wunderkind auf, das auf Festen und *mawalid* bei einflußreichen Familien des Nildeltas vorgezeigt wurde. Einige Kairoer Berühmtheiten hörten sie singen und drängten ihre Familie, nach Kairo zu ziehen, wo Umm Kulthum Anfang der zwanziger Jahre einige Konzerte gab und sich 1924 niederließ, unterstützt von der wohlhabenden Reformerfamilie Abd al-Raziq. Es ist bekannt, daß die Sängerin sich damals als Beduine verkleidete und hauptsächlich religiöse Stücke sang, begleitet von einem Chor aus Familienmitgliedern, über den die Presse sich lustig machte. Dennoch wurde das junge Mädchen schnell berühmt und entwickelte genug Selbstbewußtsein, um in einer Familie von *shuyukh*, die von ihr lebten, das Sagen zu haben.

Sie startete ihren Eroberungsfeldzug 1926, als aus der kleinen Bäuerin, die mit ihren exotischen Auftritten Erfolg hatte, eine der Hauptpersönlichkeiten der ägyptischen Künstlerszene wurde: Sie ersetzte den Familienchor durch einen *takht*, in dem die größten Instrumentalisten mitwirkten, ermunterte ihren Bruder, den Kaftan gegen den Anzug des Effendi und den Fes einzutauschen, managte ihre Karriere wie die routinierteste *alima*, steckte den Illustrierten Fotos von sich zu und bildete zusammen mit Munira al-Mahdiyya und Fathiyya Ahmad das medienwirksame Dreigestirn der arabischen Gesangskunst. Im Gegensatz zu den beiden anderen war Umm Kulthum kein Kind der Stadt, hatte nie als *alima* gearbeitet und nie auf einer Theaterbühne gestanden. Sie lebte nicht auf einem

Hausboot auf dem Nil, sondern gegenüber dem königlichen Palast von Abdin; sie trank keinen Alkohol und hatte allen Pressegerüchten zum Trotz weder einen offiziellen Geliebten noch einen Mann. Als Frau von Welt, die sie mit Hilfe ihres Mentors Ahmad Rami und des »Dichterfürsten« Ahmad Shawqi, ihres Ratgebers, geworden war, wurde sie zur Symbolfrau ihres Jahrhunderts, die von ihrem ländlichen Ursprungsmilieu zu den französischsprachigen Salons aufstieg, ohne jemals ihre Wurzeln und ihre traditionelle Kultur zu verleugnen. Sie sträubte sich nicht gegen ein sinnvolles Maß an Verwestlichung: Sie sang im Stehen, trat ohne Schleier auf, mit einem kleinen unscheinbaren Turban, der Ende der dreißiger Jahre verschwand, besetzte schon 1927 ihren *takht* mit einem Cello und beugte sich dem modernisierten Kompositionsstil ihres *ud*-Spielers Qasabgi. Ab 1930 war sie die unangefochtene Herrscherin der Musikwelt und blieb es bis zu ihrem Tod am 3. Februar 1975; bei ihrer Beisetzung kam es zu Ausbrüchen tiefster Trauer und zu Massenhysterie.

Der Filmsong

Wie in den USA konnte auch in Ägypten der Film singen, bevor er sprechen konnte. Der Pionier des ägyptischen Filmsongs war der Komponist Zakariyya Ahmad, der 1932 zum ersten ägyptischen Tonfilm, »unshudat al-fuad« (»Die Hymne des Herzens«), die Melodien beisteuerte. Der Film war ein Flop, weil die Lieder zu lang waren und die Hauptdarstellerin, die Sängerin Nadira, zu steif vor ihrem *takht* stand, während die Kamera lief. Den ersten Erfolg feierte 1934 Muhammad Abd al-Wahhab mit »al-warda al-bayda« (»Die weiße Rose«), ein Film, in dem er die Grundlagen für den Filmsong schuf: Er verkürzte die Einleitungen, verbannte Chor und *takht* von der Leinwand und gab einer Form der *taqtuqa* den Vorzug, die in jeder Strophe eine neue Melodie hatte. Es war die Geburtsstunde des modernen Liedes, das vom Monolog die Expressivität und die taktfreien Passagen übernahm, von der *taqtuqa* die Form mit Refrain und vier Strophen (vergleiche CD, Stück 24).

Der Musikfilm blieb bis Anfang der siebziger Jahre eins der wichtigsten Medien für die Unterhaltungsmusik und unumgänglich für jeden, der auch bei Konzerten erfolgreich sein wollte. Layla Murad (um 1918-1995) zum Beispiel, die mit Kunstmusikkonzerten für den Rundfunk debütiert hatte, spielte in Filmen an der Seite von Abd al-Wahhab und verfolgte ihre Karriere als Musikerin bis in die fünfziger Jahre fast ausschließlich im Filmgeschäft, ohne sich im »langen Lied« zu versuchen.

Zu den Künstlern, die der Film berühmt machte, gehörte auch der Sänger und Komponist Farid al-Atrash (1915-1974), ein syrischer Druse, der Bruder der Sängerin Asmahan (1917-1944), der in Kairo aufgewachsen war. In seinen Filmen nahm er stets die Pose eines zum erstenmal Verliebten ein, den eine unglückliche Liebe quälte, und trug so zur Standardisierung des modernen Unterhaltungslieds bei. Ihm ist vor allem die Einführung von Strophenliedern sowie von volkstümlichen Melodien und Rhythmen aus den ersten Jahren des 20. Jahrhunderts zu verdanken, wie sie bei seinem Vorbild Muhammad Awad al-Arabi zu hören waren. Kennzeichnend für seinen Stil war, daß er in seine kurzen Lieder halbimprovisierte Passagen einbaute, die er oft über den Rhythmus *shiftelli* laufen ließ und immer mit einer brillanten, wenn auch oft sehr ähnlich klingenden *qafla* beschloß. Zugleich machte Farid al-Atrash häufig Zugeständnisse an einen oberflächlichen, verwestlichten Geschmack: Immer wieder baute er ägyptisch anmutende Samba- und Tangomotive in Stücke ein, deren altmodischer Charme an eine Zeit erinnert, als man noch davon träumte, den Osten und den Westen in geschickt arrangierten Kompositionen in Einklang miteinander zu bringen. Erwähnt sei auch noch Abd al-Halim

Hafiz (1929-1978), ein Oboenspieler, der 1943 Sänger wurde, ein gutaussehender Mann mit samtener Stimme, der einen neuen Sinatra-Mythos für Nassers Ägypten kreierte und mit ungefähr zehn Filmen zum Idol der Jugend aufstieg. Seine Lieder wurden in der gesamten arabischen Welt verbreitet und gingen dank der internationalen Gültigkeit seiner Themen in die arabische Volkskultur ein.

Die Erfinder des »langen Lieds« und ihre Epigonen

Das moderne »lange Lied« war ein Phänomen, das eng mit Umm Kulthum zusammenhing, es war ihr sozusagen auf den Leib geschneidert. Als in den dreißiger Jahren das kurze Lied vom Typ Filmsong Riesenerfolge feierte, kam ein neues Genre auf, das genau das Gegenteil war: das »lange Lied« (*ughniya mutawwala*). Es war als Gegengewicht zur Unterhaltungsmusik gedacht, die mittlerweile den größten Teil der ägyptischen Musikproduktion ausmachte. Da die Tradition des *tarab* von den Unterhaltungskünstlern vernachlässigt worden war, galt es, eine übergeordnete Gattung zu erfinden, die alle Formen der alten *wasla* in sich aufnehmen konnte. Es läßt sich nicht genau bestimmen, wann die *ughniya mutawwala* aufgetaucht ist, aber schon der sehr lange Monolog »faker lamma kont-e ganbi« (1939), komponiert von Riyad al-Sunbati, enthielt refrainähnliche Teile und kündigte einen neuen Text- und Kompositionsstil in Umm Kulthums Repertoire an. Diese neuen Lieder, die live oft über eine Stunde dauerten, waren ungefähr so lang wie die *waslat* von früher, und wenn die Diva an einem ihrer berühmten »ersten Donnerstage im Monat« drei dieser Lieder sang, wurde auch tatsächlich jedes einzelne als *wasla* bezeichnet.

Es waren immer ein Autor und ein Komponist, die zusammen mit Umm Kulthum an der Entwicklung dieser Liedform arbeiteten. Das erste Team bildeten Bayram al-

Tunisi (1893-1961), ein Dichter und Texter aus Alexandria, und Zakariyya Ahmad. Ihre Zusammenarbeit, die 1947 endete, als sie sich mit der Sängerin zerstritten, führte zu einem ersten Modell des »langen Lieds«, das vor allem auf dem *tarab* und der schöpferischen Interpretation aufbaute und in den Texten volkstümlich gefärbt war. Ein Beispiel ist »el awwela fel-gharam« (»Am Anfang der Liebe«, 1944), ein Höhepunkt musikalischer Kreativität, der auf der Idee des Palimpsests beruhte: Die Sängerin trug drei ausbaufähige Zeilen vor, die sie mehrmals wiederholte und bei jeder Wiederholung sowohl textlich als auch in der melodischen Improvisation ergänzte:

Zuerst lockten mich Liebe und Leidenschaft in ihre Falle
Danach mußte ich warten, mich fügen
Schließlich ließ man mich zurück, ohne ein Wort.

Zuerst lockten mich Liebe und Leidenschaft in ihre Falle, mit einem Blick
Danach mußte ich warten, mich fügen, doch wie?
Schließlich ließ man mich zurück, ohne ein Wort. Sagt mir: Wo soll ich bleiben?

Zuerst lockten mich Liebe und Leidenschaft in ihre Falle, mit einem Blick, der mich entfachte
Danach mußte ich warten, mich fügen, doch wie? Und wer soll mich heilen?
Schließlich ließ man mich zurück, ohne ein Wort. Sagt mir: Wo find ich den Geliebten, der mich verließ?
(...)
Am Anfang war die Glut, die mich verbrannte, und der Grund dafür ist ein Blick
Danach durfte ich nur warten und trauern
Was mir schließlich geschah, wird mir nie mehr geschehen
Mein Geliebter hat mich verlassen.

Die andere Entwicklungsrichtung des »langen Lieds« wurde durch das Gespann Ahmad Rami und Riyad al-Sunbati (1906-1981) vertreten. Der Komponist Sunbati war Sohn eines *shaykh* und hatte eine klassische Ausbildung genossen. Anfang der zwanziger Jahre galt er als Wunderkind, später wurde er Professor am Institut für Arabische Musik. Er war ein *ud*-Virtuose und ein anspruchsvoller Komponist, der das Unterhaltungsrepertoire der dreißiger Jahre ablehnte. Er schrieb zahllose Filmsongs für die Sänger der vierziger Jahre und wurde zum Hauptkomponisten Umm Kulthums. Auch Sunbati setzte auf einfachere, »publikumsfreundlichere« Melodien. Er verzichtete darauf, den ganzen Tonraum des *maqam* zu erschließen, schuf aber raffinierte und elegante Phrasencollagen. Die Arrangements wurden immer ausgefeilter, und ab Anfang der fünfziger Jahre wurde jedes Instrument mit einem klar definierten Part betraut. Während der Proben studierte das Orchester die Melodie anhand der Partitur ein; erst bei den Aufführungen wurde von den Musikern erwartet, daß sie die Melodie und die Parts der verschiedenen Instrumente auswendig kannten.

Durch den übermäßigen Einsatz von Streichinstrumenten wurden *ud* und *qanun* fast übertönt. Um diesen Instrumenten eine bessere Ausdrucksmöglichkeit zu geben, betraute man sie mit einigen *lawazim* oder Instrumentalpassagen. Manchmal ließ eine Sängerin einen ihrer Instrumentalisten einen *taqsim* ausführen, damit sich ihre Stimme erholen konnte: Nennen wir unter diesen Musikern den *qanun*-Spieler Muhammad Abduh Salih, den ersten Geiger Ahmad al-Hifnawi, den Flötisten Sayyid Salim und den *riqq*-Spieler Ibrahim al-Afifi, die allesamt zu den bedeutendsten Solisten des 20. Jahrhunderts gehörten. Auch die Gesangstechnik entwickelte sich weiter: Die Melodielinie wurde nachvollziehbarer. Technisch brillante Effekte und ornamentaler Prunk galten als überflüssig; sie verschwanden zwar nicht ganz, wurden aber sparsamer eingesetzt. Die männlichen Sänger, die dem Beispiel Muhammad Abd al-Wahhabs, ihres Mentors in Geschmacksfragen, folgten, reduzierten die Verzierungen, die im klassischen Gesang üblich gewesen waren, stärker als ihre Kolleginnen und fanden zu einem fast schon kargen Stil.

Riyad al-Sunbati gab dem »langen Lied« eine majestätische Wehmut und setzte endgültig ein Modell mit drei bis vier Strophen durch: Vor jeder Strophe wurde eine andere instrumentale Einleitung gespielt, die Strophen selbst lösten sich im Refrain auf, der wie eine unausweichliche Antwort erwartet wurde, ganz im Sinne der fatalistischen Texte Ramis. Der Komponist überließ dem Interpreten Freiräume, die dieser je nach Inspiration für eigene Variationen nutzen konnte. Ende der fünfziger Jahre begannen sich die Konzerte Umm Kulthums stark voneinander zu unterscheiden: Mal wurden die Strophen endlos und ohne die geringste Abwandlung wiederholt, mal geriet sie in Trance und veredelte den Rohstoff, der ihr gegeben war.

Zweifellos sollte der große Anteil von Instrumentalpassagen im »langen Lied« den Komponisten gegenüber dem Starinterpreten wieder aufwerten. Diese Absicht wurde klar erkennbar, als Umm Kulthum und ihr ehemaliger Konkurrent Abd al-Wahhab 1964 zusammenzuarbeiten begannen, woraus »anta umri« (»Du bist mein Leben«) und sieben andere lange Liebeslieder, die er bis 1972 für sie komponierte, hervorgingen. Das »lange Lied« wurde zu einem musikalischen Experimentierfeld. Abd al-Wahhab, aber auch Baligh Hamdi (1993 gestorben), Muhammad al-Mawgi (1923-1995) und Riyad al-Sunbati versuchten, das Publikum auf ihre Seite zu ziehen, noch bevor Umm Kulthum oder ihre Epigoninnen einen Ton gesungen hatten: Die Modusverbindungen wurden gewagter, die Versuche, die Heterophonie zu koordinieren (allerdings nicht bis zur Harmonisierung), nahmen zu, neue Instrumente wurden eingesetzt: ein Akkordeon, auf dem die arabischen Intervalle gespielt werden konnten, E-Orgel und E-Gitarre,

Blechblasinstrumente. Und dennoch wollte diese Musik ihren arabischen Wurzeln unbedingt treu bleiben: die mittleren Intervalle wurden immer noch benutzt, die türkischen Modi, die in den dreißiger Jahren so hoch im Kurs gestanden hatten, wurden aufgegeben, und die Plagiate westlicher Musik wurden in den siebziger Jahren viel diskreter, als es der Gebrauch der Walzer und Tangos in den Filmsongs gewesen war.

Ebenfalls erwähnenswert ist die wachsende Zahl von Perkussionisten in den Orchestern. Bis in die fünfziger Jahre war der *riqq*-Spieler allein für die rhythmische Begleitung des »langen Lieds« zuständig, danach kamen bei Konzerten *darabukka* und *duff* hinzu, die bei der elektrischen Verstärkung gegenüber den traditionellen Instrumenten des *takht* begünstigt wurden, der Gebrauch von synkopischen und schwungvollen Rhythmen nahm zu, vor allem in den Gesangsteilen. Muhammad Abd al-Wahhab war der erste, der das Element des *shakhlaa* (schwungvolle Sinnlichkeit; Hüftschwung, der der Melodie folgt) in eine anspruchsvolle Musik einführte, um ein jüngeres Publikum für diese Musik zu begeistern. Sämtliche Komponisten folgten seinem Beispiel. Die gehobene Unterhaltungsmusik war eine feierliche, pompöse Musik. Lieder wie »anta umri« (1964) oder »el-hobb kollo« (Baligh Hamdi, 1971) illustrieren das vorzüglich (vergleiche CD, Stück 23).

DAS ENDE EINER MODE

Um 1970 konnten die meisten großen Sänger und Sängerinnen, die durch den Filmsong berühmt geworden waren, wichtige Komponisten dazu überreden, ihnen für die öffentlichen Auftritte »lange Lieder« zu schreiben. In den siebziger Jahren wurde das Fest *shamm al-nasim*, mit dem man die Wiederkehr des Frühlings feierte, alljährlich zum Auftakt eines Wettstreits zwischen den großen Sängern und Sängerinnen, die mit Kompositionen von Abd al-Wahhab, Mawgi oder Baligh Hamdi auftraten. An Umm Kulthum und Abd al-Wahhab kam niemand heran, aber alle großen Sänger und Sängerinnen des Landes versuchten, sie zu imitieren, und so erlebte die ägyptische Unterhaltungsmusik ihre zweite Blüte. Die Komponisten und Sänger hatten nicht das Gefühl, Musik für den alltäglichen Gebrauch zu produzieren, sondern die Gegenwart überdauernde Werke zu schaffen.

Die »langen Lieder« galten in der gesamten arabischen Welt als die höchste Evolutionsstufe der »arabischen Musik«, die damit sozusagen auf ihre ägyptische Komponente reduziert wurde. Nur die Schule der Rahbani-Brüder im Libanon und die Renaissance der Operette, in der sich die Sängerin Fairuz hervortat, schienen Alternativen darzustellen. Im Rahmen einer musikethnologischen Untersuchung fällt es schwer, in den »langen Liedern«, die bis Ende der siebziger Jahre produziert wurden, etwas anderes zu sehen als gut gemachte und abwechslungsreiche Unterhaltungsmusik. Aber es ist wichtig zu wissen, daß die meisten Araber diese Auffassung nicht teilen. Für sie gelten die späten Lieder Umm Kulthums, ja selbst die von Abd al-Halim Hafiz, als Werke, die mit der gleichen Berechtigung zur Kunstmusik gezählt werden dürfen wie die *adwar* und *qasaid* des 19. Jahrhunderts.

Die verschiedenen Richtungswechsel in der über die Medien verbreiteten ägyptischen Musik werden nicht als Bruch empfunden, sondern als Entwicklung oder Wandel. Oft betrachten die Musiker die Kunstmusik als »das Alte«, sehen aber keinen grundsätzlichen Unterschied zur Unterhaltungsmusik, sondern bestimmen willkürlich, daß die Grenze zwischen dem, was würdig, und dem, was nicht würdig ist, von den Ensembles der Musikhochschulen gespielt zu werden, in den sechziger Jahren verläuft. Übrigens hat Salwa El-Shawan festgestellt, »daß viele Komponisten und Instrumentalisten, die für den Rundfunk Unterhaltungsmusik (*al-musiqa al-shaia*) schrieben oder spielten, in anderen Kontexten auch Kunstmusik (*al-musiqa al-arabiyya*) hervorbrachten«.

Daß Abd al-Halim Hafiz, Nagat, Fayza Ahmad, Warda und viele andere Sänger anfingen, »lange Lieder« zu singen, war der Zusammenarbeit von Umm Kulthum und Abd al-Wahhab zu verdanken. Die beiden standen für die Modernität dieser Liedform ein und sorgten für mehr Abwechslung in der Rhythmik, für geschmeidigere Tonartwechsel und für immer einfachere und leichter nachzuahmende Melodien. Wie zur Zeit der großen Filmmusicals mußten Künstler aus anderen arabischen Ländern sich erst in Kairo ihre Sporen verdienen, wenn sie berühmt werden wollten. Libanesische, syrische und maghrebinische Sängerinnen ließen sich in der Hauptstadt am Nil nieder, trugen »lange Lieder« im ägyptischen Dialekt vor und kopierten bei ihren Auftritten bewußt den Stil Umm Kulthums: Sie ließen ihr Begleitorchester ohne Noten spielen; sie wiederholten die Strophen und versuchten sie zu variieren; sie trugen ähnliche Kleider, ähnlichen Schmuck, hielten Taschentücher, so wie die Diva, und imitierten ihre Gestik. Das zwischen Kunst und Unterhaltung schwankende Repertoire der vierziger und fünfziger Jahre diente den jungen Sängern als Orientierung. Die Männer lernten mit den Platten von Abd al-Wahhab zu singen, die Frauen mit denen von Umm Kulthum. Während die besten Nachwuchskünstler dank ihrer klassischen Ausbildung über die Anspruchslosigkeit der von ihnen gesungenen Stücke interpretatorisch hinauswachsen konnten, betrachtete die zweite Riege der Interpreten diese Stücke, die nur Kompromisse waren, als nicht mehr zu überbietende Ideale. Mit dem Tod von Farid al-Atrash (1974), Umm Kulthum (1975), Abd al-Halim Hafiz (1978), später dann den Komponisten Abd al-Wahhab (1991), Baligh Hamdi (1993) und Muhammad al-Mawgi (1995), drohten sowohl die dichterischen als auch die musikalischen Quellen des Genres zu versiegen, und Ende der achtziger Jahre war es mit dem »langen Lied« vorbei.

Es gab nur wenige Alternativen zu dieser Hauptströmung. Um so bemerkenswerter ist die turbulente Zusammenarbeit zwischen dem blinden Sänger Shaykh Imam (1918-1995) und dem Dialektdichter Ahmad Fuad Nigm (geboren 1929). Die beiden Künstler sahen sich als Nachfolger solcher Duos wie Sayyid Darwish/Badi Khayri und Zakariyya Ahmad/Bayram al-Tunisi und schrieben Protestlieder mit zugleich ironischen und verbitterten Texten über die politischen Zugeständnisse Ägyptens nach der Niederlage von 1967 und über die von Sadat betriebene Öffnung gegenüber dem Westen.

Nigms sinnliche und rebellische Dichtung setzte die alte ägyptische Tradition des Pamphlets fort, allerdings mit der Neuerung, daß die Texte nicht mehr nur gelesen, sondern auch vorgesungen werden konnten. So wurde eine Verbindung zu den – allerdings weniger militanten – Operetten und *taqatiq* der zwanziger Jahre hergestellt. Der *shaykh* sang zu seiner Laute und wurde nur von einem Perkussionisten begleitet, wie bei einer Session unter Amateuren, doch es gelang ihm, seine Protestlieder überall in Ägypten und im Mittleren Osten in Umlauf zu bringen, und das, obwohl die Zensurbehörde ihm nie erlaubt hatte, auch nur eine Kassette zu veröffentlichen, und seine Lieder nie im Rundfunk gesendet wurden. Der Shaykh Imam sang mit rauher Stimme, präzise und kunstlos, er sang wie ein Komponist, nicht wie ein *mutrib*, aber seine Kompositionen sprengten die vorgeschriebenen Formen und untermalten die Dichtung ohne überflüssige Wiederholungen und ohne billige *tarab*-Effekte.

Die Musik der städtischen Unterschichten und die Kairoer *dance music*

Ab den siebziger Jahren hatten das lange und das mittellange Liebeslied (letzteres etwa 15 Minuten lang), der Filmsong und die gesamte »gehobene« Unterhaltungsmusik, die seit den vierziger Jahren geschrieben worden war, sozusagen eine Monopolstellung in den Medien. Die Zeit stand still, die Gattungen entwickelten sich nicht mehr weiter. Nach dem Tod Umm Kulthums wurde 1976 ein Rundfunksender gegründet, der ihren Namen trägt und noch heute täglich um 17 Uhr ein Konzert der Diva und anschließend Unterhaltungsmusik sendet, die zwischen den vierziger und den achtziger Jahren aufgenommen wurde. Die Reihenfolge bleibt dabei unveränderlich: erst Umm Kulthum, dann Abd al-Wahhab, dann Farid al-Atrash, dann Nagat, schließlich Abd al-Halim Hafiz. In den Programmen der nationalen Sender waren nur die religiösen und die vaterländischen Lieder, die gewöhnlich auch von diesen Stars gesungen wurden, so stark vertreten. Die für moderne Orchester umgeschriebene Kunstmusik und die Volksmusik hingegen sahen ihren Programmanteil auf ein Minimum reduziert und zogen nur noch ein Publikum von Spezialisten an. Die Folge war, daß eine städtische, »proletarische« Popularmusik, die nichts mehr mit der ländlichen Folklore gemein hatte, sich über das neue Medium der Kassette verbreitete, die sich in der zweiten Hälfte der siebziger Jahre endgültig gegen die Schallplatte durchsetzte, während gleichzeitig Dutzende von privaten Aufnahmefirmen aus dem Boden gestampft wurden. Der Sänger Ahmad Adawiyya, ein ehemaliger Kfz-Mechaniker, hatte mit seinen sehr kurzen Liedern und seinen Texten, die teils witzig, teils unsinnig waren oder einfach nur von den Alltagssorgen in der größten Metropole Afrikas erzählten, in der Sadat-Ära großen Erfolg, auch wenn er bei den gebildeteren Kreisen auf offene Ablehnung stieß. Seine Stimme war kräftig und hatte einen spöttischen Unterton, seine Gesangstechnik stammte von den ländlichen *mawwal*-Sängern und brach mit dem süßlich-säuselnden Ton der Nachahmer Abd al-Wahhabs. Er sang abwechselnd rhythmisch freie Passagen und abgehackte Refrains, die allesamt auf sehr einfachen Melodien mit den Intervallfolgen *bayyati*, *rast*, *saba* und *sikah* aufbauten, den grundlegenden Intervallfolgen der Volksmusik. Aber sein Orchester setzte sich aus Profimusikern zusammen, die häufig die orientalischen Tanzshows in den großen Hotels begleiteten. Es war mit E-Orgel, Akkordeon und vor allem Trommeln besetzt, die im Rhythmus *wahda we noss* ein atemberaubendes Tempo vorlegten.

Auch wenn das Neue nicht von allen begrüßt wurde, Nacheiferer gab es genug, und die Nachwuchssänger, die in den Medien Erfolg haben wollten, suchten Ende der achtziger Jahre nach einem Kompromiß, der schließlich zu jenem Produkt führte, das im Westen manchmal unter dem Etikett »geel music« gehandelt wird – ein Begriff, der den Ägyptern fremd ist, sie sprechen statt dessen ganz einfach von »Liedern für die Jugend«, *aghani shababiyya* (vergleiche CD, Stück 24). Der Begriff ist bezeichnend für eine Klassifizierung des Musikgeschmacks nach Gesellschafts- oder Altersgruppen. Der junge libysche Komponist Hamid al-Shairi, der das *dance music*-Konzept entwickelt hat, übt einen spürbaren Einfluß auf seine Generation aus. Manchmal gibt es keine scharfe Grenze zwischen dem, was die Presse als »Musik für die Jugend« bezeichnet und den verächtlich *aghani habita* genannten, dekadenten Liedern, die den städtischen Unterschichten vorbehalten sind. Beide Stile arbeiten mit vereinfachten Melodiefloskeln und verwenden unablässig die beiden Tanzrhythmen *maqsum* und *malfuf*, die sowohl von Synthesizern als auch von Trommlern gespielt werden. Der Unterschied liegt vor allem in den Texten, die in den »Liedern für die Jugend« zwar gehobener, dafür aber auch eintöniger sind, und im Gesangsstil: Die »ehrbaren« Künstler wie Amr Diyab und Ihab Tawfiq singen beherrscht und mit einschmeichelnder Stimme, die bei den Unterschichten beliebten Interpreten wie Hasan al-Asmar singen eher in einem ländlichen Stil, mit einer kreischenden Stimme, die ins Mark geht.

Um als Künstler zu überleben, mußten sich die letzten Vertreter des ägyptischen »langen Lieds«, die Algerierin Warda, die Syrerin Mayyada al-Hinnawi und der Ägypter Hani Shakiran zu Beginn der neunziger Jahre auf jene *dance music* umstellen, dank derer die Jugend im Mittleren Osten die europäische Unterhaltungsmusik vergaß, die zu der Zeit, als Umm Kulthum und ihre Epigonen den Äther allein beherrschten, auf dem Vormarsch war. Tatsache ist dennoch, daß Tanzmusik und computergenerierte Rhythmen die einzigen Produkte sind, die die mächtige ägyptische Unterhaltungsindustrie heute vermarktet. Sicher ist diese Musik leicht, angenehm und gut gemacht, aber sie wiederholt sich ständig, läßt wenig Kreativität erkennen und beherrscht derzeit unangefochten die Musikszene, was die Vertreter der ägyptischen Kunstmusik beunruhigt. Die nostalgische Erinnerung an die Ära Umm Kulthum, das fehlende Interesse an der Nahda, die Ausgrenzung der Kunstmusik und die ständig wiederholten Klagen über eine Generation, die sich keine Gedanken macht, ob sie in der Nachwelt Spuren hinterläßt, bestimmen das aktuelle Bild der ägyptischen Musik. Offensichtlich steckt sie in einer Krise, und in dem Zyklus von Tod und Wiederauferstehung, der für das Niltal so typisch ist, steht ein neues Stadium bevor.

Schluß

Die ägyptische Musik hat viele Facetten; die Darstellung und Betonung ihrer Vielfalt soll nicht zuletzt dazu beitragen, das Überleben einer Kunst zu sichern, der die kulturelle Ausstrahlung Ägyptens in der gesamten arabischen Welt so viel verdankt.

Immer wieder wurde im Zusammenhang mit der ägyptischen Musik darüber diskutiert, wie der Gegensatz von Authentizität und Modernität aufgehoben werden kann. Aber ist die Musikgeschichte des 20. Jahrhunderts tatsächlich die Geschichte einer Evolution? Heute glaubt niemand mehr an eine Darwinsche Entwicklung der Kunst. Vielmehr hat der Beobachter den Eindruck, daß die Musik, die heute in Ägypten ein breites Publikum anspricht, in einer Sackgasse steckt, und gerade deswegen ist es nötig, in der Vergangenheit oder in den Randbereichen der medienwirksamen Musikproduktion nach vergessenen oder zu Unrecht geringgeachteten Traditionen zu suchen.

Die ägyptischen Idole, die symbolhaft für die Verschmelzung der Kunstmusik und der Volksmusik im 20. Jahrhundert stehen, können nicht ohne weiteres übergangen werden; sie verdienen es, daß ihr Genie anerkannt wird. Aber ihre Vergötterung ist eine schwere Hypothek für die Zukunft. 1992 erklärte der Geiger Nidaa Abou Mrad in der Beiruter Presse das, was er die »exogene Entwicklung« der ägyptischen Musik seit den dreißiger Jahren nennt, für gescheitert. Daraufhin nahmen der sehr ernstzunehmende Musikwissenschaftler Victor Sahhab und die gesamte Prominenz der nahöstlichen Musikszene Muhammad Abd al-Wahhab in Schutz und behaupteten steif und fest, sein modernistischer Ansatz habe auf der ägyptischen Tradition aufgebaut und auch das 20. Jahrhundert habe in Ägypten eine »klassische arabische Musik« hervorgebracht.

Allzuoft wird jede noch so leise Kritik an Sayyid Darwishs Zugeständnissen an westliche Trends als eine indirekte Verherrlichung der Vergangenheit oder gar des Neokolonialismus mißverstanden. Die Presse und die »offizielle« Musikwissenschaft schreiben vor, was die arabische Musik zu sein hat, wettern mit erhobenem Zeigefinger gegen die Texte der heutigen volkstümlichen oder »proletarischen« Unterhaltungsmusik und tun dabei so, als ob die Qualität der Texte auf die der Musik schließen lasse. Schlimmer noch, sie vergessen, daß in jeder Kultur auch die reine Unterhaltungsmusik ihre Berechtigung hat. Aber die Zeit scheint noch nicht reif, die ästhetischen Regeln, die seit sechzig Jahren vorgeschrieben oder befolgt werden, in Frage zu stellen.

Allzuleicht wird die flüchtige Übernahme einiger westlicher Motive – gelegentliche Arpeggios oder ein paar Takte Rumba mit Klavierbegleitung, die heute übrigens durch ihren altmodischen Charme begeistern – mit den ästhetischen Umwälzungen verwechselt, die die ägyptische Massenmusik ab den dreißiger Jahren erlebte. Eine Generation von Musikern, Sängern und Textern, die im Showgeschäft tätig waren, stellte sich kühn einer dreifachen Herausforderung. Diese Künstler wollten erstens das Bildungsbürgertum ansprechen, zweitens versuchten sie, durch vereinfachte Melodien die Verbindung zum jugendlichen Publikum aufrechtzuerhalten, und drittens wollten sie sich in der internationalen Musikszene etablieren: Sie machten oberflächliche Zugeständnisse an westliche Trends, die ihrerseits häufig schon oberflächlich genug waren. Diese Musiker setzten sich entschlossen für ihre Ziele ein, sie waren berühmt, sie hatten eine Ausbildung mit hohem Prestigewert genossen und wurden von einflußreichen Vertretern der intellektuellen und nationalistischen Kreise unterstützt. Aus diesen Gründen setzte sich ihre Auffassung durch, daß man nicht unbedingt Vorkenntnisse braucht, um Musik zu genießen. Die ägyptische Kunstmusik war nicht mehr nur den Eingeweihten vorbehalten, die aufmerksam zuhören konnten – sie wurde allen zugänglich.

Die Vertreter dieser Generation, die Ende der siebziger Jahre von der Bildfläche verschwanden, hatten als erste versucht, eine elitäre Kunst unters Volk zu bringen. Diese Musikgrößen waren noch mit dem *tagwid*, dem *inshad dini*, den *adwar* und den *qasaid* des mittelalterlichen Repertoires großgeworden, mit Formen, die kurz nach ihrer Wiederentdeckung schon wieder begraben wurden: In den dreißiger Jahren waren sie noch lebendig; doch dann erklärten die Musiker sie zu ihrem Erbe. Im Begriff des Erbes (*turath*) blieb nur der Aspekt »Repertoire« erhalten; der Gedanke, daß zu einem Repertoire auch bestimmte stilistische Grundsätze gehören, konnte sich nicht behaupten. Im Arabischen aber unterscheidet sich das Wort *turath* nur durch einen Buchstaben von dem Wort *turab,* und das heißt soviel wie Staub... Dank ihrer soliden Ausbildung verstanden es die großen Künstler des 20. Jahrhunderts meisterhaft, die Musik durch Vereinfachung einem breiten Publikum zugänglich zu machen. Das Drama der heutigen Künstler besteht darin, daß sie diese Versuche selbst als klassisches Vorbild betrachten, daß sie das gelungene Unterfangen, mit dem Zeitgeist Schritt zu halten, selbst zum klassischen Erbe zählen. Aber die Nachahmung der Vereinfachung ist nur noch trivial.

Es ist an der Zeit, zweierlei zu überdenken: Erstens darf die Musikwissenschaft des Westens die ägyptische Musik, die für ein breites Publikum produziert wird, nicht mehr nur als bloße Unterhaltungsmusik betrachten, sie muß berücksichtigen, daß die Ägypter den Wert ihrer eigenen Musik anders einschätzen und große Hoffnungen auf ihre Modernisierung setzen. Zweitens ist es für die Wiederauferstehung der ägyptischen Kunstmusik nötig, die diversen musikalischen Ausdrucksformen zu rehabilitieren und anzuerkennen, daß die arabische Musik vielfältig ist.

Seit mehr als sechzig Jahren wird das Erbe der Nahda vernachlässigt, es gilt als ein Stück finsterer Kolonialzeit und wird bloß als Rohstoff betrachtet, aus dem die Generation, die die Unabhängigkeit und den Aufbau der Nation miterlebte, der ägyptischen Musik ein Lichtgewand weben konnte. Und dennoch haben die alte Schule der Kunstmusik, die religiösen Traditionen und die Volksmusik einiges vorzuweisen. Wer das berauschte Gefühl kennt, das einen erfassen kann, wenn Umm Kulthum zu einer Variation ansetzt, wird sich von einer alten Schule, die ganz der musikalischen Suche, der Variationskunst, dem *tarab* gewidmet war, ebenso berauschen lassen. Wer bei einer Rezitation al-Minshawis erzittert oder sich von den Trancezuständen eines *maddah* anstecken läßt, weiß, daß diese Ausdrucksformen einen wesentlichen Bestandteil der ägyptischen Musik ausmachen. Wer die arabische Dichtung zu schätzen weiß, wird die Augenblicke genießen, in denen der *mutrib* mit der Mehrdeutigkeit eines Gedichts jongliert und die latenten Bedeutungen durchscheinen läßt. Wer weiß, daß die arabischen Gesellschaften derzeit in einer Identitätskrise stecken, deren einziges Ergebnis viel zu oft strengere moralische Normen sind, wird sich am Duft der Freiheit erfreuen, der ein Jahrzehnt lang in der *taqtuqa* wehte.

Nostalgie ist nur für den sinnvoll, der eine Zeit und ihre Widersprüche selbst erlebt hat. Aber vielleicht wird die nächste Reife der ägyptischen Musik (und mehr noch der Industrie, die von ihr lebt) in der Erkenntnis bestehen, daß nur die Vielfalt eine Zukunft hat. Neben der aktuellen Musikproduktion gibt es Platz für die vernachlässigten Traditionen. Verschiedene Prinzipien machen das Wesen der ägyptischen Musikästhetik aus: die Improvisationsfreiheit des Sängers, der Verzierungsreichtum, die Heterophonie der instrumentalen Begleitung. Man braucht die Vergangenheit nicht wiederaufleben zu lassen, man muß nur verstehen, daß diese Prinzipien der Kreativität jeden erdenklichen Spielraum lassen für eine moderne arabische Musik im 21. Jahrhundert.

DIE MODI UND RHYTHMEN DER ÄGYPTISCHEN MUSIK

Die moderne arabische Tonleiter

Die folgende Darstellung der Hauptmodi in der Kunst- und Unterhaltungsmusik geht – aus didaktischen Gründen und um nicht vom allgemeinen Sprachgebrauch abzuweichen – von vereinfachenden und willkürlichen Begriffen wie »Viertelton« oder »Halbton« aus, die dem komplexen Aufbau der arabischen Tonleiter nicht immer gerecht werden. Die Oktave wird in der arabischen Musik in 24 »Vierteltonschritte« geteilt, wobei jeder einzelne Ton auf zwei Oktaven einen eigenen Namen hat. (Allerdings sind die Musiker mit den Begriffen der europäischen Musiklehre seit den dreißiger Jahren vertraut: Sie beziehen sich abwechselnd oder gleichzeitig auf beide Tonsysteme.) Der unterste Ton (*yakah*) war im 19. Jahrhundert nicht absolut festgelegt, sondern entsprach dem tiefsten Ton im Register des Sängers. Im 20. Jahrhundert hat man ihn festgelegt, heute entspricht er einem g. Je nach Modus kann sich die Höhe eines Tons verändern: Zum Beispiel ist der Ton *kurdi* im gleichnamigen Modus nicht mit dem *kurdi* im Modus *nahawand* identisch. Insofern ist der Begriff »Viertelton« nur eine didaktisch sinnvolle Vereinfachung. Die Hauptstufen der Tonleiter sind die, aus denen der Modus *rast* besteht. Man bezeichnet sie mit dem persischen Wort *parda*. Die *pardat* sind durch einen Ganzton oder einen Dreivierteltton voneinander getrennt. Diese Stufen sind in der nachfolgenden Übersicht fettgedruckt. Bestimmte Zwischenstufen, die in den gebräuchlichen Modi vorkommen, werden *araba* genannt. Zwischen zwei *pardat* muß mindestens eine *araba* liegen. Diese Stufen sind in der Tabelle in normaler Schrift notiert. Schließlich

1	**yakah**	**g**	**25**	**nawa**	**g**
2	*nim qaba hisar*		*26*	*nim hisar*	
3	qaba hisar	as	27	hisar (~ heutiges shuri)	as
4	*tik qaba hisar*		*28*	*tik hisar* (~ *shuri*)	
5	**ushayran**	**a**	**29**	**husayni**	**a**
6	*nim agam ushayran*		*30*	*nim agam*	
7	agam ushayran	b	31	agam	b
8	**iraq**		**32**	**awg**	
9	kawisht	h	33	mahur = nihuft	h
10	*tik kawisht*		34	*tik mahur = tik nihuft*	
11	**rast**	**c**	**35**	**kerdan**	**c**
12	*nim zirkulah*		*36*	*nim shahnaz*	
13	zirkulah	cis	37	shahnaz	cis
14	*tik zirkulah*		*38*	*tik shahnaz*	
15	**dukah**	**d**	**39**	**muhayyar**	**d**
16	*nim kurdi*		*40*	*nim sunbula*	
17	kurdi	es	41	sunbula	es
18	**sikah**		**42**	**buzurg**	
19	busalik	e	43	gawab busalik	e
20	*tik busalik*		*44*	*gawab tik busalik*	
21	**gaharkah**	**f**	**45**	**mahuran**	**f**
22	*nim higaz*		*46*	*gawab nim higaz*	
23	higaz saba	fis	47	gawab higaz	fis
24	*tik higaz*		*48*	*gawab tik higaz*	
			49	**ramal tuti**	**g**

noch die weniger wichtigen Töne, die in den selteneren Modi oder in den Überleitungen verwendet werden. Sie tragen den Namen der *araba*, über beziehungsweise unter der sie liegen, und den persischen Zusatz *nim* (etwas tiefer) oder *tik* (etwas höher). In der Tabelle sind sie kursiv gedruckt.

Die Modi

Seit den dreißiger Jahren hat sich das arabische Wort *maqam* als Bezeichnung für den Modus durchgesetzt. Um an den Sprachgebrauch anzuknüpfen, sollen beide Wörter hier gleichbedeutend verwendet werden. Ein Modus wird durch drei Elemente definiert:

- seinen Grundton
- die Reihenfolge der Intervalle, aus denen er sich über eine oder zwei Oktaven zusammensetzt
- die Hierarchie der Töne und die typischen Melodiemodelle.

Hier sollen nur die großen Modusgattungen vorgestellt werden. Es ist möglich, die Klassifizierung endlos fortzusetzen und jeder Überleitung, jedem Detail im Aufbau einen eigenen Namen zu geben. Tatsächlich aber denken die Ausübenden in größeren Kategorien und führen nuancenreiche Abläufe durch, deren theoretisches Fundament für sie keine Rolle spielt. Derzeit arbeitet man im Musikunterricht mit dem Begriff der »Gattungen« (*gins*, Plural: *agnas*), der von den mittelalterlichen Theoretikern und den Musikern der Levante gebraucht wurde, in Ägypten aber vor dem Kairoer Kongreß von 1932 nicht bekannt war. Wenn man von den *agnas* ausgeht, wird ein Modus nicht mehr als Tonleiter gesehen, sondern als eine Verbindung von kleinen Intervallfolgen, die entweder aneinandergereiht werden oder sich überlappen. Im Prinzip lassen sich daraus zahllose Modi zusammenstellen, die in der Praxis aber nicht alle angewandt werden. Ein Modus erinnert an ein Gebäude: Jedem Stockwerk entspricht ein *gins*, das Erdgeschoß ist der erste *gins*, der Fußboden des Erdgeschosses sein Anfangston, der erste Stock ist der zweite *gins*, der Fußboden wiederum dessen Anfangston. Es kann mehrere Stockwerke geben, das Untergeschoß ist eine Intervallfolge, die direkt unter dem Grundton liegt.

Die Hauptintervallfolgen

Ein *gins* besteht, unabhängig davon, auf welcher Stufe sein Anfangston liegt, aus einer Folge von Intervallen. In Form von Bruchzahlen können diese Intervalle annähernd als Teile eines Ganztons bestimmt werden. Der Zusatz + oder –, der in der folgenden Darstellung neben einzelnen Brüchen steht, bezeichnet eine deutliche Tonerhöhung oder -erniedrigung, etwa in der Größenordnung eines Kommas. Der *gins* kann als Folge von drei, vier oder fünf Tönen betrachtet werden.

a) Intervallfolgen mit großen oder kleinen Sekunden

1	1	1/2	*agam*
1	1/2	1	*nahawand*
1/2	1	1	*kurdi*
1/2	1	1/2	*saba zamzama*

b) Intervallfolgen mit mittleren Sekunden

1	3/4	3/4	*rast*
3/4	3/4	1	*bayyati*
3/4	3/4	1/2	*saba*
3/4	1		*sikah*

c) Intervallfolgen mit übermäßigen Sekunden

1	1/2	3/2	1/2	*nawa athar*
1/2	3/2	1/2		heutiger *higaz*
1/2+	3/2–	1/2		*higaz gharib*

Die Hauptmodi

Der *maqam* ist, wenn man ihn als etwas Statisches betrachtet, eine Verbindung von mindestens zwei *agnas*. Der erste *gins*, der gewöhnlich in mitteltiefer Lage auf dem Grundton des Modus aufbaut, »bestimmt«, welche weiteren Intervallfolgen angeschlossen werden. Er bildet den Stamm (*gidh*) des Modus. Der zweite, eine Etage höher, ist der Ast (*far*). Dessen Anfangston heißt *ghammaz* und entspricht dem letzten oder dem vorletzten Ton des ersten *gins* (überlappende beziehungsweise verknüpfende Konstruktion), oder aber er liegt einen Ton darüber (unterbrochene Konstruktion). Je nachdem, welche *agnas* man zugrunde legt, kann man einen *maqam* als überlappende, verknüpfende oder unterbrochene Konstruktion betrachten. Der Interpret entscheidet, welchen der latenten *agnas* der Tonleiter er hervorheben will. Es kommt oft vor, daß der Sänger oder Instrumentalist die verschiedenen Stufen einer Tonleiter nacheinander zum Ausgangspunkt einer melodischen Entwicklung macht, um den *maqam* in all seinen Farben leuchten zu lassen.

Der Begriff *gudhur* bezeichnet das Untergeschoß des Modus, der erste *gins* wird *gidh* genannt, er ruht auf dem *qarar*, dem Grundton des Modus. Der zweite *gins* heißt *far*, sein Anfangston *ghammaz*; *gawab* ist die Bezeichnung für einen der möglichen *agnas* in den hohen Lagen.

maqam (Modus)	gudhur (Untergeschoß des Modus)	**qarar** (Grundton)	**gidh** (erste Intervallfolge)	**far** (zweite Intervallfolge)	gawab (weitere Intervallfolge in den hohen Lagen des Modus)
agam		**ushayran**	**agam**	**agam/gaharkah**	agam/agam
gaharkah	rast/rast	**gaharkah**	**gaharkah**	**rast/kardan**	agam/mahur
nahawand	agam/yakah	**rast**	**nahawand**	**kurdi/nawa**	nahawand/kardan
nahawand kabir	agam/yakah	**rast**	**nahawand**	**higaz/nawa**	nahawand/kardan
ushshaq misri	bayyati/ushayran	**dukah**	**nahawand**	**bayyati/husayni**	nahawand/muhayyar
kurdi	nahawand/yakah	**dukah**	**kurdi**	**nahawand/nawa**	kurdi/muhayyar
higazkar kurdi	nahawand/yakah	**rast**	**kurdi**	**nahawand/gaharkah**	kurdi/kardan
rast	rast/yakah	**rast**	**rast**	**rast/nawa**	rast/kardan
suznak	rast/yakah	**rast**	**rast**	**higaz/nawa**	nahawand/kardan
dilnishin		**rast**	**rast**	**rast/nawa**	rast/kardan
				saba/husayni	higaz/kardan
bayyati	rast/yakah	**dukah**	**bayyati**	**nahawand/nawa**	bayyati/muhayyar
bayyati shuri	rast/yakah	**dukah**	**bayyati**	**higaz/nawa**	bayyati/muhayyar
bayyati husayni	bayyati/ushayran	**dukah**	**bayyati**	**bayyati/husayni**	bayyati/muhayyar
saba	bayyati/ushayran	**dukah**	**saba**	**higaz/gaharkah**	agam/agam
					nawa athar/agam
sikah	rast/rast	**sikah**	**sikah**	**rast/nawa**	sikah/buzurg
				rast/kardan	
huzam	rast/rast	**sikah**	**sikah**	**higaz/nawa**	sikah/buzurg

iraq	rast/yakah	**iraq**	**sikah**	**bayyati/nawa**	sikah/awg
				rast/kardan	
bastanikar	rast/yakah	**iraq**	**sikah**	**saba/dukah**	higaz/gaharkah
higaz	rast/yakah	**dukah**	**higaz**	**rast/nawa**	nahawand/muhayyar
				nahawand/nawa	
shahnaz	higaz/ushayran	**dukah**	**higaz**	**higaz/husayni**	nahawand/muhayyar
higazkar	higaz/yakah	**rast**	**higaz**	**higaz/nawa**	nahawand/kardan
				nahawand/gaharkah	
zangaran	higaz/yakah	**rast**	**higaz**	**agam/gaharkah**	
nawa athar	higaz/yakah	**rast**	**nawa athar**	**higaz/nawa**	nahawand/kardan
nakriz	rast/yakah	**rast**	**nawa athar**	**nahawand/nawa**	nahawand/kardan

Die Hauptrhythmen

In Ägypten gibt es etwa zehn gebräuchliche Rhythmen, die anderen sind dem reichen Repertoire der *muwashshahat* zugeordnet. Einige vokale oder instrumentale Sätze der *wasla* oder des modernen Lieds unterliegen überhaupt keinem festen Rhythmus. Man charakterisiert sie als *mursala* (schwebend) oder als *saiba* (frei). Bis zum Beginn des 20. Jahrhunderts wurden diese Abschnitte improvisiert. In den dreißiger Jahren tauchten dann auch rhythmisch freie Melodien auf, die komponiert waren: Es handelte sich entweder um neue Musikformen, die nicht mehr in den Rahmen der klassischen *wasla* gehörten, oder um Interpretationen einiger großer Meister, die sich in ihrer festgefügten Form durchsetzten, weil sie auf Schallplatte gebannt waren. In den Vokalstücken bedingt die Metrik des Textes zum Teil den Rhythmus des Gesangsparts, während die Instrumentalisten einem nicht hörbaren und unregelmäßigen Puls folgen, den sie gemäß der Ästhetik des *taqsim* selbst bestimmen.

Die Sequenzen, die an einen festen Takt gebunden sind, werden als *mawzuma* (gemessen) oder *muwaqqaa* (geschlagen) bezeichnet. Die Rhythmusformel wird in diesen Stücken, wie Vigreux es ausdrückt, »zum direkten Informanten der Melodie«: Der Komponist oder der improvisierende Musiker muß sich unbedingt an die Betonungen der vorgegebenen Rhythmusformel halten, denn die Melodie darf nicht davon abweichen. Der Rhythmus wird entweder vom Instrumentalisten oder Sänger nur mitgedacht oder von einem Begleitinstrument gespielt. Manchmal übernimmt ein Melodieinstrument allein den begleitenden Part, indem es ein Ostinato spielt, meistens jedoch wird es von einem oder mehreren Trommlern unterstützt.

Der Rhythmus ist ein Wechsel von Pausen und zwei Arten von Schlägen, die auf der *riqq*, der *darabukka* oder einem anderen Schlaginstrument gespielt werden können.

Dum und *tak* sind in der arabischen Musiklehre die lautmalerischen Bezeichnungen für die Haupt- und Nebenschläge einer Rhythmusformel. Der *dum* (D) ist der dunkle Klang, der erzeugt wird, wenn man bei der *riqq* das Fell am Rand anschlägt, bei der *darabukka* in der Mitte. Der *tak* (T) ist der helle Klang, der zu hören ist, wenn man bei der *riqq* die Mitte, den Trommelrahmen oder die Schellen anschlägt, bei der *darabukka* den Rand. Die Pausen können entweder durch Verzierungen ausgefüllt werden (P) oder leer bleiben (P'). Die in einer Reihenfolge angeordneten *dum*-Schläge, *tak*-Schläge und Pausen bilden das Grundgerüst des Rhythmus. Komposition und Gesang orientieren sich ausschließlich an diesem Gerüst, während die Verzierung der Pausen den Perkussionisten vorbehalten bleibt. Zu üppige Ausschmückungen sind mit der Kunstmusik des 19. Jahrhunderts nicht vereinbar, da die melodischen Verzierungen des Sängers nicht von den rhythmischen Ornamenten der Schlaginstrumente überdeckt werden dürfen. In der Unterhaltungsmusik hingegen ist das virtuose Trommelspiel ein Muß. Eine Synkope (*ribat*, Bindung) ist mehr als bloß ein schmückender Effekt – sie gehört zum Wesen mancher Rhythmen, und ihre Einbindung in die *wahda* ist kennzeichnend für bestimmte Abschnitte der *wasla*.

Die *wahda* und ihre Varianten

einfache *wahda*
4 /DP'/PP'/TP'/TP'/
(wird in der *qasida* angewandt)

wahda bi-ribat (mit Synkope)
4 /DP'/PT/P'P/TP'/ oder 4 /DP'/PT/PP'/TP'/
(wird in der *qasida*, im *dor* oder in der modernen Unterhaltungsmusik angewandt)

maqsum oder *wahda we noss*
4 /DT/PT/DP/TP/ (schnelles Tempo)
(Tanzrhythmus; wird im *dor*, im *muwashshah* und in der modernen Unterhaltungsmusik angewandt)

masmudi saghir
4 /DD/PT/DP/TP/ (langsameres Tempo)
(Tanzrhythmus; wird im *dor*, im *muwashshah* und in der modernen Unterhaltungsmusik angewandt)

zaffa
4 /Dpp/TT/DT/TP/
(Rhythmus, der bei Hochzeitszügen auf der *duff* gespielt wird; in der modernen Unterhaltungsmusik wurde er zur Metapher für Hochzeit und Ehe; P = pp)

masmudi kabir
8 /DP'/DP'/PP'/TP'/DP'/PP'/TP'/PP'/
(wird im ersten Teil des *dor*, im *muwashshah* und in der modernen Unterhaltungsmusik angewandt)

bamb
8 /DP'/PT/P'P/TP'/PP'/PP'/DP'/PP'/ oder
8 /DP'/PT/P'P/TP'/PP'/PP'/DP'/DP'/
(wird in den *taqasim* und in den *layali* angewandt)

shiftetelli
8 /DP'/PT/P'P/TP'/DP'/DP'/TP'/PP'/
(Dieser türkische Rhythmus wird in der Tanzmusik, seit den vierziger Jahren auch in den halbimprovisierten Instrumental- und Vokalstücken gespielt; der Perkussionsrhythmus wird durch ein charakteristisches melodisches Ostinato verstärkt.)

Weitere häufig vorkommende Rhythmen

samai t air oder *saraband*
3 /D/T/T/
(wird im *samai*, im *muwashshah* und in der modernen Unterhaltungsmusik angewandt)

samai darig
3 /DP'/TT/TP'/
(wird im *samai*, im *muwashshah*, in manchen *adwar* und in der modernen Unterhaltungsmusik angewandt)

nawakht
7 /DPT/DP/TT/
(wird im *muwashshah* und in der modernen Unterhaltungsmusik angewandt)

aqsaq
9 /DP/TP/DP/TPT/
(wird im *samai*, im *muwashshah* und in der modernen Unterhaltungsmusik angewandt)

samai thaqil
10 /DPP/TP/DD/TPP/
(wird im *samai*, im *muwashshah* und in der modernen Unterhaltungsmusik angewandt)

murabba
13 /DTP/DP/PP/TP/TP/DP/
(wird im *muwashshah* und im *bashraf* angewandt)

mukhammas
16 /DPDP/DPPP/TPTP/DPPP/
(wird im *muwashshah* angewandt)

warashan arabi
16 /DP/TD/PT/DP/TT/DD/TP/TT/
(wird im *muwashshah* angewandt)

shanbar
24 /DTDD/TPTP/TTDP/TTDP/TPTT/DTPT/
(wird im *muwashshah* und im *bashraf* angewandt)

GLOSSAR

alati: Instrumentalist. Das Wort ist eine Ableitung von *ala*, Instrument.

alima: im 19. Jahrhundert Bezeichnung für eine professionelle Sängerin, die Hochzeitslieder für ein meist weibliches Publikum vortrug. Die renommiertesten Künstlerinnen sangen auch für Männer. Um die Jahrhundertwende trat die städtische *alima* in öffentlichen Sälen auf und ähnelte eher einer Animierdame. In den ländlichen Gegenden gibt es den Beruf der Hochzeitssängerin noch heute.

arghul: Oberbegriff für Doppelklarinetten mit Bordun- und Melodiepfeife, die hauptsächlich in der ländlichen Volksmusik, seltener auch in der Unterhaltungsmusik eingesetzt werden.

baladi: volkstümlich, ländlich, bäuerlich. Das Wort bezieht sich auf volkstümliche Musikformen, Ensembles und Instrumente.

darabukka: trichterförmige Trommel aus Ton, die mit Fischhaut oder Ziegenfell überzogen ist. Heute besteht sie meist aus einem metallenen Trommelkörper und einem Fell aus Kunststoff, das nicht durch Erhitzung gestrafft werden muß.

dhikr: eine religiöse Zeremonie im Islam, die innerhalb wie außerhalb der Derwischorden abgehalten werden kann und in deren Ablauf der Name Gottes ausgerufen wird; sie versetzt die Teilnehmer, *dhakir* oder *dhikkir* genannt, in Trance.

dor: im weiteren Sinne eine Strophe; im engeren Sinne eine Form in der Kunstmusik, die in der zweiten Hälfte des 19. Jahrhunderts entwickelt wurde und auf einem Dialektgedicht in zwei Teilen beruht. Der erste Teil (*madhhab*) ist durchkomponiert, der zweite Teil (auch *dor* genannt) ist nur eine Kompositionsskizze, auf deren Grundlage der Künstler seine Kreativität entfalten kann.

dulab: musikalische Einleitung aus einigen Melodiephrasen, die über den Rhythmus *wahda* laufen und zusammen ungefähr 30 Sekunden dauern. Sowohl in der Kunst- als auch in der Volksmusik gibt es weniger als zehn *dawalib* pro Modus. Anfang der dreißiger Jahre wurde der *dulab* in der Kunstmusik durch eine instrumentale Komposition ersetzt.

ghusn: Strophe in der *taqtuqa* oder dem modernen Lied.

hank: Wechselgesang zwischen einem Solisten und zwei bis drei Choristen, im Rahmen eines *dor*, eines *muwashshah*, seltener auch einer *taqtuqa*.

inshad: Sammelbezeichnung für alle religiösen Gesänge im Islam mit Ausnahme der Koranrezitation.

Islah: politische, ideologische und religiöse Bewegung, die dafür eintritt, daß die ägyptische Gesellschaft sich aus eigener Kraft erneuert, ohne sich vom Westen beeinflussen zu lassen.

kamanga: früher Bezeichnung für ein persisches Streichinstrument, heute Bezeichnung für die europäische Violine.

layali: eine improvisierte Gesangspassage auf die Worte »ya lel ya en« (o Nacht, o Auge), die, je nachdem, welches Stück sie einleitet oder beschließt, rhythmisch frei oder gebunden ist.

lazima: instrumentale Antwort auf eine gesungene Melodiephrase. In der traditionellen Kunstmusik improvisiert der *takht* die *lawazim* auf der Grundlage gängiger Melodieformeln; ab den dreißiger Jahren werden die *lawazim* komponiert und dienen als Überleitung zwischen den gesungenen Passagen.

madhhab: im *dor* der erste, durchkomponierte Teil; in der *taqtuqa* der Refrain, der das Stück eröffnet.

madhhabgi: im Rahmen der Kunstmusik einer der zwei bis drei Chorsänger, die den Solisten begleiten. Die *madhhabgeyya* singen bei den *muwashshahat* mit, im ersten Abschnitt der *adwar* unterstützen sie den Solisten, indem sie seinen Part erst mitsingen und dann allein übernehmen, im zweiten Abschnitt beteiligen sie sich am Wechselgesang.

madih: ein Gedicht in klassischem oder dialektalem Arabisch, das zu Ehren des Propheten Muhammad oder eines der im Niltal verehrten Volksheiligen verfaßt wird. Als Musikbegriff steht das Wort für eine der Phasen im *dhikr*.

maddah: Hymnensänger in der Volksmusik; er trägt im privaten Kreis oder im Orden einen *dhikr* vor.

maqam: Synonym für »Modus«. Der *maqam* definiert sich durch einen Grundton, eine Tonleiter und die gängigen Melodiemodelle (siehe Anhang).

mawwal: In der Volksmusik bezeichnet das Wort erstens ein gesungenes Gedicht in arabischem Dialekt, dessen Melodie ohne festes Taktmaß, manchmal aber mit einer rhythmischen Begleitung improvisiert wird; zweitens eine lange epische Dichtung mit einer improvisierten Melodie in einem festen Takt. In der Kunstmusik heißt *mawwal* ein dialektaler Gesang aus fünf bis sieben Zeilen, der gewöhnlich eine Paronomasie enthält. Die Melodie dieses *mawwal* ist rhythmisch immer frei und wird vom Sänger improvisiert.

mizmar: Oberbegriff für die Oboen, die in einen kegelförmigen Schallbecher auslaufen. Sie werden in der ländlichen Musik eingesetzt.

Modus: siehe *maqam*.

Monolog: Das Wort wurde in den zwanziger oder dreißiger Jahren aus dem Französischen entlehnt und steht im Arabischen für einen komponierten Gesang im Kairoer Dialekt. Zu jedem Vers gibt es eine andere Melodiephrase, Wiederholungen werden vermieden. In den zwanziger Jahren bezeichnete das Wort meist einen satirischen Text. Am Ende des Jahrzehnts drehten sich die Texte um die Liebe, die Komposition orientierte sich an einer modernistischen Ästhetik.

mughanni: Sänger.

munshid: Hymnensänger, der auf Sufi-Zeremonien oder anderen Veranstaltungen religiöse Lieder vorträgt. Der Begriff wird meist im Kontext der Kunstmusik gebraucht, kann aber auch einen religiösen Sänger in der ländlichen Volksmusik bezeichnen.

mutrib (fem. ***mutriba***)***:*** Solosänger.

muwashshah: 1. eine Art strophische Dichtung, die ursprünglich aus Andalusien kommt. 2. die kurze Vertonung eines Gedichts, das zur literarischen Gattung der *muwashshahat* gehören kann. Sie ist an einen festen, schwer zu spielenden Rhythmus gebunden und wird zur Eröffnung eines klassischen Konzerts von den Mitgliedern des *takht* im Chor gesungen.

nay: schräg gehaltene Schilfrohrflöte ohne Mundstück.

qafla: gespielte oder gesungene Schlußkadenz. Es wird von jedem Musiker erwartet, daß er etliche *qafalat* und melodische Floskeln für jede Modusgattung kennt, die er dann vermischt und verändert, um seine eigenen *qafalat* zu bilden.

qanun: Trapezzither aus Holz mit 24 Saitenchören, die mit einem *risha* genannten Plektron gezupft werden.

qasida: literarisch gesehen ein Gedicht mit einem einzigen Versmaß und einem einzigen, stets sich wiederholenden Reim; musikalisch gesehen der gesungene Vortrag jedes Textes in klassischem Arabisch.

qasida mursala: *qasida* mit rhythmisch freier Melodie, die komponiert oder improvisiert sein kann.

qasida muwaqqaa: *qasida* über den 4/4-Rhythmus *wahda*; die Melodie kann komponiert oder improvisiert sein.

rabab, rababa: Kniegeige mit einer oder zwei Roßhaarsaiten. Der Musiker streicht die Saiten mit einem Bogen, der ebenfalls mit Roßhaar bespannt ist. Das Instrument wird nur noch in der ländlichen Volksmusik benutzt, in der Kunstmusik wurde es von der europäischen Geige verdrängt.

riqq: Rahmentrommel mit fünf Schellenpaaren.

saltana: ein Zustand, den Sänger und Instrumentalisten erreichen müssen, um dem Publikum ihren *tarab* zu vermitteln (hohe Konzentration und sichere Beherrschung der Modi und Intervalle).

shaykh: in Ägypten Bezeichnung für jeden, der eine religiöse Bildung genossen hat; unter den Musikern Bezeichnung für die Interpreten des islamischen religiösen Repertoires. Strenggenommen heißen so die Absolventen der Al-Azhar-Universität. Anfang des Jahrhunderts trug der *shaykh* Kaftan und Turban, während der Effendi sich nach europäischer Mode kleidete und auf dem Kopf einen Fes trug.

simsimiyya: Leier mit fünf Saiten, die über einen runden Resonanzkörper gespannt sind. Der Spieler hält sie senkrecht vor sich. In Nubien und in der Gegend um Assuan ist sie pentatonisch gestimmt.

suradiq: großes Zelt aus buntem Tuchmaterial, das anläßlich von Festen oder Beerdigungen in der Nähe einer Moschee errichtet wird.

takht: Ensemble der Kunstmusik, in dem *ud*, *qanun*, Violine, *nay* und *riqq* eingesetzt wurden. Ab den dreißiger Jahren wurden noch andere Instrumente hinzugezogen: Cello, Kontrabaß, manchmal sogar Klarinette und Akkordeon. Später entstand daraus der Typ des modernen arabischen Orchesters.

tanbura: siehe *simsimiyya*.

taqsim: in einem bestimmten Modus gespielte instrumentale Improvisation, die rhythmisch frei sein kann oder auf einem festen Rhythmus (*wahda*, *bamb*, *shiftetelli*, *darig*, *aqsaq*, *samai*, *thaqil*) aufbaut. Der *taqsim* eröffnete und beschloß die verschiedenen Abschnitte der *wasla*, entwickelte sich tendenziell aber zu einer selbständigen Gattung, als die Grammophonplatte aufkam und die Instrumentalisten zu Stars wurden. Die moderne Fassung des *taqsim* ist länger geworden, eine autonome Gattung, die nicht mehr nur im Zusammenhang mit dem Gesang gesehen wird.

taqtuqa: ursprünglich ein Hochzeitslied der *awalim*, das sich aus Refrain und mehreren Strophen zusammensetzte; nach dem Ersten Weltkrieg eine Art kommerzielles Unterhaltungslied aus einem Refrain und vier Strophen mit gleicher Melodie.

tarab: die Ergriffenheit und der ästhetische Genuß der Zuhörer, wenn Musiker und Sänger ganz im Bann ihrer Melodie stehen; hängt häufig mit der melodischen Improvisation zusammen.

tawshih: religiöser *muwashshah*, der ohne Instrumentalbegleitung gesungen wird. Die Choristen der *betana* halten sich an den rhythmischen Ablauf, während der Solist seine überaus verzierungsreichen Variationen singt.

ud: fünfsaitige Laute mit gewölbtem Resonanzkörper, die mit einem Plektron (*risha*) angerissen werden. Das Instrument wird vorwiegend in der Kunst- und Unterhaltungsmusik eingesetzt, seltener in der ländlichen Volksmusik.

wasla: von den Interpreten frei zusammengestellte Folge von Stücken, die alle im gleichen Modus stehen, was gelegentliche Wechsel in verwandte Modi nicht ausschließt. Die *wasla* gehört in den Kontext der weltlichen oder religiösen Kunstmusik. Die Stücke werden entweder mit oder ohne Gesang vorgetragen.

zagal: ursprünglich ein strophisches Gedicht im alten andalusischen Arabisch, später Sammelbezeichnung für jede Art von Dichtung in einem arabischen Dialekt.

TRANSKRIPTIONSHINWEIS

Die Transkription arabischer Wörter ist nicht einfach, da es im Arabischen mehr Phoneme (bedeutungsunterscheidende Laute) gibt als im Deutschen. Da sich dieses Buch an ein breites Publikum wendet, wurde zur Vereinfachung anstelle der wissenschaftlichen die phonetische Transkription gewählt. Sie entspricht weitgehend der anerkannten englischen sowie deutschen und französischen Schreibweise.

Artikel und Präpositionen, die im Arabischen an den Anfang des Bezugsworts angehängt werden, wurden kleingeschrieben und mit Bindestrich vom Bezugswort abgesetzt, um eine gewisse Einheitlichkeit zu wahren. Aus Gründen der Einheitlichkeit wurden alle arabischen Begriffe kleingeschrieben. Etwaige Inkonsequenzen in der Umschrift resultieren aus Abweichungen im Original.

PLURAL- UND SINGULARFORMEN DER ARABISCHEN WÖRTER

Plural	**Singular**
adiya	dua
adhkar	dhikr
adwar	dor
aghani	ughniya
ahadith	hadith
alatiyya	alati
alhan	lahn
arabat	araba
awalim	alima

Plural	**Singular**
basharif	bashraf
darabukkat	darabukka
ghawazi	ghaziya
khanat	khana
lawazim	lazima
maddahin	maddah
madhhabgeyya	madhhabgi
maqamat	maqam
mawalid	mawlid
mawawil	mawwal
mazamir	mizmar
munshidin	munshid
muqriin	muqri
muridin	murid
mutayyibin	mutayyib
mutribat	mutriba
mutribin	mutrib
muwashshahat	muwashshah
nayat	nay
pardat	parda
qafalat	qafla
qasaid	qasida
rababat	rabab
sahbagiyya	sahbagi
samaiyyat	samai
shuara	shair
shuyukh	shaykh
shaykhat	shaykha
suradiqat	suradiq
taqasim	taqsim
taqatiq	taqtuqa
tawashih	tawshih
waslat	wasla

ERLÄUTERUNGEN ZU DEN MUSIKBEISPIELEN

Die dem Buch beiliegende CD wurde dank der freundlichen Erlaubnis des Club Disque Arabe erstellt.

I. Ländliche Musik

1. Araber aus Daraw (Oberägypten), die einen *marbu* vortragen; Aufnahme von Tiberiu Alexandru und Emile Azer Wahba – 2'36.

Ein Gesang im 4/4-Takt: Der erste Schlag wird durch Stampfen ausgeführt, der zweite durch Klatschen. Der Solosänger legt seinen Part über das Ostinato des Chors, das einen Tierlaut nachzuahmen scheint. Sono Cairo, 1966.

2. Firqat al-Tanbura aus Port Said: *Taqsim* – 3'06.

Rhythmisch freie Improvisation im Modus *rast*: Erst spielt eine *simsimiyya* allein, dann setzt zusätzlich eine *tanbura* ein. Im Anschluß hört man einen Auszug aus dem Lied »shoft el-qamar ala sadr el-gamil« im Rhythmus *wahda we noss*. Vorgetragen wird das Lied von fünf *sahbagiyya*, die Begleitinstrumente sind Rahmentrommeln, *darabukkat*, Triangel und die Zimbeln *sagat*.

3. Sayyid al-Duwi: *Awlad ragih* – 2'35.

Auszug aus dem Heldenlied der Hilal, Aufnahme von 1994. Sawt al-Tarab, 1994.

4. Muhammad al-Arabi: »Ya qalbi ma-lak wahman« (*mawwal*) – 3'33.

Diese Aufnahme im Modus *rast baladi* wurde um 1923 gemacht. Die Begleitung übernehmen *arghul* und *suffara*. Baidaphon, um 1923.

5. Muhammad al-Arabi: »Ana kolle ma-gul et-toba« (*dor saidi*) – 3'02.

Ein bekanntes oberägyptisches Volkslied im Modus *saba*. Baidaphon, um 1920.

6. Hifni Ahmad Hasan: *Shafiqa we Metwalli* – 2'56.

Begleitung durch eine Flöte vom Typ *suffara* und eine *simsimiyya*, die ein aus zwei Noten bestehendes Ostinato über den Rhythmus *wahda we noss* spielt. Der Sänger trägt seine Dreizeiler in den Modi *rast* und *higaz* vor, mit einem Tonumfang von einer Oktave. Am Ende der Strophe wiederholt ein Chor »Girgawi ya Metwalli« (»Metwalli, Girgas Sohn«). Nefertiti, 1977.

II. Religiöse Gesänge

7. Chor des Instituts für Koptische Studien: »Hiten niepresvia« – 2'45.

Pater Morkos aus Matay führt einen Dialog mit einem Chor aus fünfzehn Sängern, der sich aus Schülern des Instituts zusammensetzt. Sie singen eine festgelegte Melodie (*lahn*) mit den Worten »durch die Fürbitte der Muttergottes«, die Pater Morkos mit einem verzierungsreichen Gesang beantwortet: »Ee aguapi to theo ke patros« (»Die Liebe Gottes, des Vaters«). Folkways, 1960.

8. Shaykh Abd al-Basit Abd al-Samad: *Surat al-takwir* (Auszug) – 1'43.

Koranlesung im Modus *rast*. Der Rezitator singt in der Kopfstimme mit gelegentlichem Registerwechsel in die untere Oktave. Auffällig sind die außergewöhnliche Ausdauer des Koranlesers und die Verzierungen, die ein *tarab*-Gefühl hervorrufen. Club Disque Arabe.

9. Shaykh Abd al-Basit Abd al-Samad: *Adhan shari* (Gebetsruf) – 3'21.

Diese Aufnahme ist in der gesamten islamischen Welt verbreitet. Über Lautsprecher übertragen, ersetzt sie manchmal den traditionellen Muezzin. Club Disque Arabe.

10. Shaykh Ali Mahmud: »Ya nasim al-saba« (*qasida mursala,* Auszug) – 2'45.

Rhythmisch freier Gesang im Modus *higaz*, den der Interpret auf der Grundlage einer eigenen Kompositionsskizze improvisierend ausgestaltet. Man beachte den Abwechslungsreichtum und den Tonumfang der Melodie sowie die geschmeidige Stimme und die Ausdauer des Sängers. Eine Geige antwortet dem Sänger, indem sie seine Melodielinie mit Variationen wiederholt. Odeon, um 1927.

11. Shaykh Yasin al-Tuhami: *Dhikr* (Auszug) – 2'44.

Der *shaykh* paßt seinen Gesang dem immer hypnotischer werdenden Rhythmus an. Man achte auf die Zwischenrufe der Teilnehmer. Aidaphone, 1981.

III. Kunstmusik

12. Shaykh Salama Higazi: »Salamun ala husnin« (*qasida*, Auszug) – 3'53.

Der Sänger interpretiert einen rhythmisch freien Gesang auf der Grundlage einer von ihm stammenden Melodieskizze. Dieses Rezitativ mit *qanun*-Begleitung lebt von seinen Wiederholungen, seinen meisterhaften Verzierungen und der Spannung, die durch Moduswechsel und Oktavsprünge erzeugt wird. In diesem Auszug sind zunächst Passagen in den Modi *gaharkah* und *saba* zu hören, danach wechselt der Sänger den Grundton und schließt im Modus *higaz* auf der Note *gaharkah*. Odeon, um 1906.

13. Sami al-Shawwa (Violine) und ein *qanun*-Spieler: »Rast Asem Bey« (*bashraf*, Auszug) – 3'03.

Dieses Stück aus der Feder des osmanischen Komponisten Asem Bey (1851-1929) beruhte ursprünglich auf dem Rhythmusablauf *dor kabir* (28/4-Takt). Die ägyptischen Musiker ersetzten ihn durch einen einfacheren Zweiertaktrhythmus. Um die Platte aufzufüllen, beschloß der *qanun*-Spieler die Einspielung mit einem kurzen *taqsim*. Gramophone, 1919.

14. Shaykh Sayyid al-Safti: »Ya mimati« (*muwashshah*) – 3'10.

Eine alte, anonyme Komposition im Modus *bayyati shuri*. Der Rhythmus heißt *yuruk samai* (6/4-Takt). Das Stück wird mit einem *dulab* eingeleitet und mit einem *taqsim* beendet. Die Begleitinstrumente sind Violine (gespielt von Sami al-Shawwa), *qanun* und *riqq*. Der Solosänger wird von einem Chor unterstützt. Gramophone, 1910.

15. Shaykh Sayyid al-Safti: »Be-haqq-e min atlaak ya badr« (*mawwal*) – 3'15.

An eine Improvisation auf der Violine schließen sich *layali* im Modus *bayyati* an. Gramophone, 1910.

16. Shaykh Yusuf al-Manyalawi: »A la fi sabilillah« (rhythmisch gebundene *qasida*) – 8'02.

Der Sänger improvisiert seine Melodie im Modus *huzam* auf der Grundlage einer eigenen Kompositionsskizze. Die

Begleitinstrumente sind Violine (Shawwa), *qanun* (Aqqad), *ud* und *riqq*. Das Stück beginnt mit *layali* in einem festen Takt über den Rhythmus *bamb* und schließt mit einer »Runde der Aufpasser«. Gramophone, 1910.

17. Shaykh Yusuf al-Manyalawi: »Ya-manta waheshni« (*dor*, Auszug) – 2'39.

Komposition von Muhammad Uthman. Der *shaykh* beginnt ein Ruf-und-Antwortspiel mit seinem Chor. Der Anfangsmodus ist *gaharkah*, danach wechselt der Sänger in den *higaz* und in der letzten Phrase in den *saba*. Die technisch brillante Schlußkadenz wird im Modus *higazkar* gesungen. Gramophone, 1908.

18. Firqat al-Musiqa al-Arabiyya (Ensemble für Kunstmusik) unter der Leitung von Abd al-Halim Nuwira: »Ya mimati« (*muwashshah*) – 1'39.

Ein Vergleich mit Beispiel 14 lohnt sich. Sono Cairo, 1971.

IV. Mischformen und Unterhaltungsmusik

19. Munira al-Mahdiyya (1884-1965): »Asmar malak ruhi« (*taqtuqa*, Auszug) – 2'41.

Eine Komposition im Modus *rast* von Muhammad Ali Leba. Baidaphon, um 1920.

20. Salih Abd al-Hayy: »Abuha radi« (*taqtuqa*, Auszug) – 3'00.

Eine Komposition im Modus *bayyati* von Zakariyya Ahmad. Im Anschluß an das Stück spielt Sami al-Shawwa einen kurzen *taqsim*, um die Schallplattenseite aufzufüllen. Columbia, um 1927.

21. Umm Kulthum: »En kont asameh« (Monolog, Auszug) – 3'05.

Komposition im Modus *mahur* von Muhammad al-Qasabgi. Gramophone, 1927.

22. Muhammad Abd al-Wahhab: »Ya ward min yeshterik« (Auszug) – 3'06.

Das Stück stammt aus dem Film »Yom Said« von 1939. Der Text wurde von Bishara al-Khuri geschrieben, die Komposition im Modus *nawa athar* ist aus der Feder des Interpreten. Die von Baidaphon veröffentlichte Aufnahme ist auch auf CD erschienen. Club Disque Arabe.

23. Umm Kulthum: »Fakkaruni« (»langes Lied«, erste Strophe) – 3'00.

Muhammad Abd al-Wahhab hat dieses Stück im Modus *rast* 1966 komponiert. Diese Aufnahme eines Konzerts im Beiruter Kino Rivoli stammt aus einer Privatsammlung.

24. Ihab Tawfiq: »Qamarna« (Auszug) – 0'59.

Ein Stück im Modus *saba*. Komposition und Arrangement von Hamid al-Shairi. Westliche Klänge von Synthesizern und Sequenzern mischen sich mit denen des *takht*. Die Solisten spielen auf Instrumenten der Volksmusik und der Kunstmusik: *ud*, *qanun*, *nay kawala*, *mizmar*, *naqrazan*, *riqq*, *darabukka*, Violine, Akkordeon. Der Rhythmus *wahda we noss* wird in einem sehr schnellen Tempo gespielt, sämtliche Melodiephrasen des Sängers werden vom Chor wiederholt. Die Instrumentalsoli und der Wechselgesang sind zwei typische Merkmale dieser ägyptischen *dance music*, die indirekt an die Prinzipien einer seit den vierziger Jahren aus der Massenmusik verschwundenen Ästhetik anknüpft. Sonar Cairo, 1992.

DISKOGRAPHIE

Die hier aufgeführten CDs sind in allen großen Plattenläden erhältlich, die sich auf arabische Musik spezialisiert haben. Außerdem werden einige Kassetten und vergriffene LPs aufgelistet. Aufnahme- und Erscheinungsjahr sind nicht immer bekannt.

VOLKSMUSIK

Weltliches Repertoire

La musique populaire d'Egypte, LP (vergriffen), zusammengestellt von Tiberiu Alexandru und E. A. Wahba, aufgenommen 1966, Sono Cairo, 1967.

Music of the Nile Valley, CD, Neuauflage von Alain Webers Aufnahmen der *Musiciens du Nil*, Lyrichord.

Les musiciens du Nil (Karnak), LP, 1976 aufgenommen von Alain Weber, Ocora Radio France.

Les musiciens du Nil (Garagos), LP, 1977 aufgenommen von Alain Weber, Ocora Radio France, 1979.

Les musiciens du Nil (Egypte), Ocora Radio France.

Les musiciens du Nil. Luxor to Isna, Real World.

Les musiciens du Nil. Charcoal Gypsies, Real World.

Beduin Music of Southern Sinai, LP, aufgenommen von Amnon Shiloah, Folkways Ethnics, 1978.

Congrès du Caire 1932, mehrere CDs, aufgenommen 1932, IMA/BN APN, 1988 (Musikbeispiele aus dem volkstümlichen Repertoire finden sich auf CD 1).

Hifni Ahmad Hasan, *Shafiqa we Metwalli*, Kassette, Nefertiti.

Religiöses Repertoire

Shaykh Ahmad Barrayn, *Sufi Songs*, CD, 1994 aufgenommen von Alain Weber, WMD-Long Distance.
Yasin al-Tuhani, Kassette, Aidaphone, 1981.

RELIGIÖSE MUSIK UND RELIGIÖSE GESÄNGE

Koranrezitation

Es gibt zahllose CDs und noch mehr Kassetten. Genannt seien:
Shaykh Abd al-Basit Abd al-Samad, *Le saint coran*, CD, Club Disque Arabe.
Shaykh Taha al-Fashni, *Coran*, CD, Cairophon.

Dhikr* und *Inshad

Egypte, l'ordre Chazili »al-Tariqa al-Hamidiyya al-Caziliyya«, CD, aufgenommen auf dem Festival von Rennes, 1981, Arion.
Musique traditionnelle d'Egypte, CD, Musiques du Monde.

KUNSTMUSIK

Auf CD wiederveröffentlichte Grammophoneinspielungen

Archives de la musique arabe, CD 1: *Egypte et Syrie*; Ocora Radio France, 1987.
L'âge d'or de la musique égyptienne, CD, Club Disque Arabe, 1991.

Shaykh Yusuf al-Manyalawi, CD, Club Disque Arabe, 1993.
Abd al-Hayy Hilmi, CD, Club Disque Arabe, 1993.
Shaykh Salama Higazi, CD, Club Disque Arabe, 1994.
Shaykh Sayyid Darwish, CD, Club Disque Arabe, 1995.
Shaykh Abu al-Ila Muhammad, CD, Club Disque Arabe, 1995.
Umm Kulthum, CD 1, 2 und 3: Aufnahmen von 1924-1931, Kunstmusik; CD, Club Disque Arabe.
Muhammad Abd al-Wahhab, CD 1, 2 und 3: Aufnahmen von 1920-1928, Kunstmusik; Club Disque Arabe.

Moderne Arrangements

Taqasim and layali Cairo tradition, LP, aufgenommen 1978, Unesco/Grem DSM.
Nidaa Abou Mrad, *Musique de la Nahda*, CD, Byblos, 1995.
Aicha Redouane und al-Adwar, CD, Ocora Radio France, 1993 (das Repertoire der Kunstmusik in der Fassung einer marokkanischen Sängerin).

MISCHFORMEN UND UNTERHALTUNGSMUSIK (1920-1995)

1920-1945

Cafés-chantants du Caire, CD 1: *taqatiq* 1912-1926; Club Disque Arabe, 1995.
Umm Kulthum: *El awela fel gharam* (1944), CD, Sonodisc.
Umm Kulthum: *Ahl el hawa* (1944), CD, Sonodisc.

Filmsongs (1940-1970)

Muhammad Abd al-Wahhab, CD 4-10, Club Disque Arabe.
Asmahan, CD 1-3, Club Disque Arabe.
Farid al-Atrash, *Eternal Song* (1 und 2), CD, Cairophon.
Farid al-Atrash, *Ya bou dahka/habib el alb*, CD, Voice of Lebanon.
Leila Mourad, *The Best of*, CD, Cairophon.
Faiza Ahmed, *Sit el habayeb*, CD, Cairophon.
Abd al-Halim Hafiz, *Abi Fouk Chagara* (Soundtrack), CD, Soutelphan.

Die »langen Lieder« Umm Kulthums

Umm Kulthum, *Anta Oumri* (1964), CD, Sonodisc.
Umm Kulthum, *Fakkarouni* (1966), CD, Sonodisc.
Umm Kulthum, *Al Atlal* (1966), CD, Sonodisc.
Umm Kulthum, *Alf leila wa leila,* CD

Die »langen Lieder« und »mittellangen Lieder« anderer Interpreten

Abd al-Halim Hafiz, *Kariat el fengan* (1977), CD, Soutelphan.
Abd al-Halim Hafiz, *Zay el-Hawa,* CD, EMI Arabia
Fayza Ahmad, *Khalina nansa elli fat*, CD, Soutelphan.
Nagat, *Ana bastanak*, CD, Soutelphan.
Warda, *Ma endakch fekra*, CD, Voice of Lebanon.
Warda, *Batwanis Beek,* CD, EMI Arabia.
Warda, *Harramt Ahebak,* CD, EMI Arabia.

1980-1995

Protestlieder

Shaykh Imam, *Réveille-toi, Egypte*, LP, APIA.
Shaykh Imam, *Les nuits des amandiers*, LP, APIA.

Pop und »Neue Welle«

Ahmed Adeweya, *El sah el dah* (um 1975), Kassette, Sout el Hob.
Amr Diyab, *Mayyal*, CD, REL RELDS (geel).
Amr Diyab, *Nour el-ain*, CD, EMI Arabia
Hakim, *Le meilleur de la grande star Egyptienne*, CD, Blue Silver
Hakim, *Nazra*, CD, Sonar Cairo (geel).
Moustafa Amar, *Layaliki*, CD, Sonar Cairo

BIBLIOGRAPHIE

Diese Auswahlbibliographie enthält die im Text zitierten Titel sowie einige Aufsätze und Bücher in europäischen Sprachen oder auf Arabisch, durch die der Leser und die Leserin ihre Kenntnisse vertiefen können. Eine vollständige Bibliographie zu den in Ägypten veröffentlichten Texten zum Thema findet man in »Les sources musicales égyptiennes« von Philippe Vigreux, erschienen in: *Cahiers bibliographiques* 12/13, Kairo 1993. Der Artikel von Salwa El-Shawan Castello Branco (1994) liefert eine ausführlichere Bibliographie der Aufsätze und Bücher in europäischen Sprachen.

Allgemeines

Amin, Ahmad: *Qamus al-adat wa l-taqalid wa l-taabir al-misriyya* [Wörterbuch der ägyptischen Bräuche und Ausdrücke], Kairo 1953.

Guettat, Mahmoud: *La tradition musicale arabe*, Paris 1986.

Jargy, Simon: *La musique arabe*, Paris 1971.

Lane, Edward William: *An Account on the Manners and Customs of the Modern Egyptians*, 1860; unveränderter Nachdruck, New York, Dover 1973; arabische Übersetzung, Kairo 1991.

The New Grove Dictionary of Musical Instruments, London 1984.

Scott, Marcus: *Arab Music Theory in the Modern Period*, Los Angeles 1989.

Shawan Castello Branco, Salwa El-: »Ägypten«, in: *Die Musik in Geschichte und Gegenwart*, Kassel 1994.

Ziegler, Christiane: *La musique égyptienne*, Paris 1991.

Ländliche Volksmusik

Alexandru, Tiberiu/Wahba, Emile: *La musique populaire d'Egypte* (LP-Begleittext), Sono Cairo, Kairo 1967.
Cachia, Pierre: »The Egyptian mawwal«, in: *Journal of Arabic Literature* 8, 1977, S.77-103.
Connelly, Bridget: *Arab Folk Epic and Identity*, Los Angeles 1986.
Elsner, Jürgen: »Remarks on the Big Arghul«, in: *Yearbook of the International Folk Music Council*, Bd. 1, 1958/1979.
Hafiz, Nahid Ahmad: *Fann tarbiyat al-sawt wa ilm al-tagwid* [Die Stimmbildung und die Kunst der Rezitation], Kairo 1984.
Hickmann, Hans: *Rapport préliminaire sur les traces de l'art musical pharaonique dans la mélopée de la vallée du Nil*, gefolgt von: *Catalogue d'enregistrements de musique folklorique égyptienne*, 1958/1979.
Kamal, Safwat: *Al-ghina al-shabi al-misri* [Der volkstümliche Gesang in Ägypten], Kairo 1994.
Shehadi, Fadlou: *Philosophies of Music in Medieval Islam,* Leiden 1995.
Shiloah, Amnon: »Arab Music: Folk Music«, in: *The New Grove Dictionary of Musical Instruments*, London 1984.
Shiloah, Amnon: *Music in the World of Islam. A Socio-Cultural Study*, Detroit1995.
Touma, Habib Hassan: *Die Musik der Araber,* Wilhelmshaven 1989.
Weber, Alain: »Les musiciens du Nil« (LP-Begleittext), Ocora Radio France, Paris 1976.

Geistliche Musiktraditionen

Erian, Nabila Meleika: *Coptic Music: An Egyptian Tradition*, University of Maryland 1986.
Ménard, René: »Tradition Copte«, in: *Encyclopédie des musiques sacrées*, Bd. 2, Paris 1969.
Nelson, Kristina: *The Art of Reciting the Quran*, University of Texas Press 1985.
Poché, Christian: »Zikr and Musicology«, in: *The World of Music* 20 (1), 1978, S.59-71.
Waugh, Earle H.: *The Munshidin of Egypt: Their World and their Song*, University of South Carolina 1989.

Kunstmusik

Kitab mutamar al-musiqa al-arabiyya, 1932 [Der Kairoer Kongreß von 1932 zur arabischen Musik], Kairo 1933.
Abou Mrad, Nidaa: »L'imam et le chanteur: réformer de l'intérieur. Une mise en parallèle de Muhammad Abduh et Abduh al-Hamuli«, in: *Les cahiers de l'orient* 24, 1991, S.141-150.
Ajjan, Mahmud: *Turathuna al-musiqi* [Unser musikalisches Erbe], Damaskus 1990.
Al-Hilu, Salim: *Al-musiqa al-nazariyya* [Die Theorie der Musik], Beirut 1961.
Belleface, Jean-François: »Turath, classicisme et variété: Les avatars de l'orchestre oriental au Caire au début du XXe siècle«, in: *Bulletin de l'IFEAD*, 1990, S.39-65.
Darwish, Hasan: *Min agl abi Sayyid Darwish* [Für meinen Vater Sayyid Darwish], Kairo 1990.
Fadil, Muhammad: *Al-shaykh Salama Higazi*, Damanhur 1932.
Faruqi, Lois Ibsen al-:»Ornamentation in Arabian Improvisational Music: A Study of Interrelatedness in the Arts«, in: *The World of Music* 20 (1), 1978, S.17-28.

Hifni, Mahmud Ahmad al- (Hrsg.): *Al-musiqa* (Halbmonatsschrift, unregelmäßig erschienen), 1-14, 1935.

Hifni, Mahmud Ahmad al- (Hrsg.): *Al-magalla al-musiqiyya* (Monatsschrift), 1936-1941.

Hifni, Mahmud Ahmad al- (Hrsg.): *Al-musiqa wa l-masrah* (Monatsschrift), 1947-1951.

Khulai, Muhammad Kamil al-: *Kitab al-musiqi al-sharqi* [Die orientalische Musik], Kairo 1904-1906.

Khulai, Muhammad Kamil al-: *Al-aghani al-asriyya* [Die Lieder unserer Zeit], Kairo 1921-1926.

Khuli, Samiha al-: »Al-irtigal wa taqaliduhu fil-musiqa al-arabiyya« [Die Improvisation und die Traditionen der arabischen Musik], in: *Alam al-fikr,* Bd. 6, Kuwait 1975.

Lagrange, Frédéric: *Musiciens et poètes en Egypte au temps de la Nahda*, Paris 1994.

Moussali, Bernard: »Archives de la musique arabe« (CD-Begleitheft), Paris 1987.

Moussali, Bernard: »Congrès du Caire 1932« (CD-Begleitheft), Paris 1988.

Moussali, Bernard: »L'école khédiviale«, in: *Les cahiers de l'orient* 24, 1991, S.175-184.

Poché, Christian: »De l'homme parfait à l'expressivité musicale, courants esthétiques arabes au XXe siècle«, in: *Cahiers de musique traditionelle* 7, 1994, S.60-74.

Racy, Ali Jihad: *Musical Change Commercial Records in Egypt 1904-1932*, University of Illinois 1977.

Racy, Ali Jihad: »Musicologues comparatistes européens et musique égyptienne au Congrès du Caire«, in: *Le Congrès du Caire de 1932*, Kairo 1992.

Rizq, Qastandi: *Al-musiqa al-sharqiyya wa l-ghina al-arabi* [Die orientalische Musik und der arabische Gesang], 4 Bde. (1936-1947), Kairo o.J.

Salah al-Din, Muhammad: *Mistah al-alhan al-arabiyya* [Der Schlüssel zu den arabischen Modi], Kairo 1950.

Shalfun, Iskandar (Hrsg.): *Rawdat al-balabil* [Garten der Nachtigallen] (Monatsschrift), 1920-1927.

Shalfun, Iskandar: *Taqrir an halat al-musiqa al-misriyya* [Bericht über den derzeitigen Stand der ägyptischen Musik], Kairo 1922.

Shawan Castello Branco, Salwa El-: »The Sociopolitical Context of al-Musiqa al-Arabiyyah«, in: *Asian Music* 12 (1), 1979, S.86-128.

Shawan Castello Branco, Salwa El-: *Al-Musiqa al-Arabiyyah: A Category of Urban Music in Cairo, Egypt, 1927-1977,* Columbia University 1977; New York 1981.

Shawan Castello Branco, Salwa El-: »Some Aspects of the Cassette Industry in Egypt«, in: *The World of Music* 29 (2), 1987, S.32-48.

Vigreux, Philippe (Hrsg.): Bericht über das Kolloquium vom 25.-28. Mai 1989 in Kairo; Erster Teil: *Les documents du premier congrès sur la musique arabe*, Kairo 1992.

Vigreux, Philippe: *La darbouka, technique fondamentale et initiation aux rythmes arabes*, Aix-en-Provence 1985.

Mischformen und Unterhaltungsmusik

Azzam, Nabil S.: *Muhammad Abd al-Wahhab in Modern Egyptian Music*, Los Angeles 1990.

Braune, Gabriele: Umm Kulthum. Ein Zeitalter der Musik in Ägypten. Die moderne ägyptische Musik des 20. Jahrhunderts, Frankfurt am Main 1994.

Danielson, Virginia: *Shaping Tradition in Arabic Song: The Career and Repertory of Umm Kulthum*, Urbana 1991.

Danielson, Virginia: *The Voice of Egypt. Umm Kulthum, Arabic Song, and Egyptian Society in the Twentieth Century,* Chicago 1997.

Gsell, Stefanie: *Umm Kulthum. Persönlichkeit und Faszination der ägyptischen Sängerin,* Berlin 1999.

Nassib, Sélim: *Stern des Orients,* Heidelberg 1997.
Nimat, Ahmad Fuad: *Umm Kulthum*, Kairo 1983.
Pignol, Armand: *L'extase et le transistor: La chanson égyptienne,* Kairo 1986.
Pignol, Armand: »Formation et évolution de la chanson de variété en Egypte«, in: *Journées d'études arabes*, Paris 1986.
Sahhab, Ilyas: *Difaan an al-ughniya al-arabiyya* [Verteidigung des arabischen Lieds], Beirut 1980.
Sahhab, Victor: *Al-saba al-kibar fi l-musiqa al-arabiyya al-muasira* [Die sieben großen Vertreter der arabischen Musik von heute], Beirut 1987.
Vigreux, Philippe: »Esquisse d'une chronologie du réformisme musical en Egypte«, in: *Les cahiers de l'orient* 24, 1991, S.190-205.

BILDLEGENDEN

1 Oben: Musikerinnen mit Bogenharfe, Laute, Doppeloboe und Leier; Grab des Djoser, Theben, um 1420-1411 v. Chr.
Unten: Blinder Harfenspieler mit gebogener Harfe; Grab des *Nakht*, Theben, 1425 v. Chr.

2 Berber aus Nubien, der *kisirka* (*simsimiyya*) spielt. Zeichnung von A. Prisse d'Avennes, 1848.

3 Oben: Verkleinerter *takht* mit *riqq*- und *rabab*-Spielern; Zeichnung von David Roberts, 1848.
Unten: Gebetsruf, Alexandria; Kupferstich, 1882.

4 Tänzerin, 19. Jahrhundert.

5 *Darabukka*-Spielerin; Lithographie von Alex Bida, um 1850.

6 Oben: *Shair* (Barde), begleitet von zwei *kamanga*-Spielern; Zeichnung von E. Lane, 1837.
Unten: Drehderwisch, Oberägypten; Zeichnung von C. Weisser, 1899.

7 Oben: *Alima* mit Begleitmusikern und -musikerinnen (*tar*, *arghul*, *darabukka*), Kairo.
Unten: Geige, *ud*, *qanun*.

8 Oben: Musiker vom Nil (zwei *mizmar*-Spieler und ein Trommler), Oberägypten.
Unten: Traditionelle Musiker (mit *mizmar* und Trommel) in Luxor.

9 Oben: Das Ensemble La Tannoura (Drehderwische aus Kairo).
Unten: Koptische Priester bei einer Totenfeier in einer koptischen Kirche in Kairo.

10 Oben: Farid al-Atrash im Film »Der unsterbliche Gesang«.
Unten: Muhammad Abd al-Wahhab, Konzertplakat.

11 Oben: Umm Kulthum während einer Tournee in Marokko, 1967.
Unten: Umm Kulthum, Ende der zwanziger Jahre.
12 Oben: *tar*-Spieler. Unten links: *arghul*-Spieler.
Unten rechts: Shaykh Yusuf al-Manyalawi.
13 Werkstatt eines Lautenherstellers, Kairo.
14 *Rabab*-Spieler, Kairo, 1997.
15 *Ud*-Spieler.
16 Musikinstrumente

BILDNACHWEIS

René Burri/Magnum: 8 unten
B.N.F.: 2, 6 oben
D.R.: 1 oben, 1 unten, 3 oben, 7 unten, 10 unten
Erich Lessing/Magnum: 8 oben
Roger-Viollet: 6 oben, 7 oben, 12 oben
Actes Sud: 12 unten rechts
Artur Simon: 13
Cinestar: 10 oben
Abbas/Magnum: 9 unten
Lexikon Arabische Welt: 16
Sylvain Grandadam/Explorer: 4
Georg Stein: 14
Werner Gartung: 15
Victoria and Albert Museum, London: 5
Collection Roland Carel: 11 oben, 11 unten
I.M.A./Belmenouar: 3 unten, 9 oben, 12 unten links

REGISTER

Abduh, Muhammad 43, 72
Abdulhamid II. 68
Abnudi, Abd al-Rahman al- 16, 31
abrushat 42
Adawiyya, Ahmad 135
adhan, adhan shari (siehe auch Gebetsruf) 47, 48, 165
Afghani, Gamal al-Din al- 43
aghani habita 136
aghani shababiyya 136
aghani shabiyya 16
Ahmad, Fathiyya 118, 124
Ahmad, Ratiba 108, 110
Ahmad, Zakariyya 9, 46, 105-107, 118, 125, 128, 134, 167
alati (Pl.: *alatiyya*) 19, 155, 161
Al-Azhar-Universität 33, 43, 44, 46, 159
Alexandru, Tiberiu 16, 38, 163, 169, 175
Ali, Nagat 118, 133, 135, 172
alima (Pl.: *awalim*) 19, 23, 38, 43, 64-66, 68, 95, 124, 155, 160, 161, 180
al-musiqa al-shaia 103, 133
Amin, Ahmad 29, 33, 67, 174
Amin, Nadira 118, 120, 125
Aqqad, Muhammad al- 76, 77, 120
Arabi, Muhammad al- 35, 164
arghul 20, 35, 155, 164, 175, 180, 181
Asmahan 126, 172
Asmar, Hasan al- 137
Atrash, Farid al- 126, 133, 135, 172, 180
awashi 41

Banna, Abd al-Latif al- 106
Barrayn, Ahmad 56, 57, 170
Bartók, Béla 103
Basatini, Ahmad al- 51
bashraf (Pl.: *basharif*) 78, 79, 153, 154, 162, 166
Batanuni, Mikhail Girgis al- 42
bazat 56
Beethoven, Ludwig van 123
betana 20, 49, 52, 74, 160
Bey, Asem 166
Bizet, Georges 123
Bushnaq, Lufti 101
Buzari, Amin al- 77

darabukka (Pl.: *darabukkat*) 23, 28, 35, 56, 65, 105, 131, 150, 151, 155, 162, 163, 168, 180
Darwish, Sayyid 9, 90, 98, 107, 114-116, 124, 134, 138, 171, 176

Dede, Aziz 61
Dede, Mustafa Naksi 61
Derwisch 52, 155, 180
dhikkir (Pl.: *dhikkira*) 54, 155
dhikr (Pl.: *adhkar*) 39, 50, 51-55, 69, 87, 155, 157, 161, 165, 170
Diyab, Amr 137, 173
dor (Pl.: *adwar*) 63, 73, 74, 81, 83-85, 89, 91, 95, 100, 104, 114, 115, 132, 140, 151-153, 155-157, 161, 164, 166, 167
duff 24, 55, 56, 62
dulab (Pl.: *dawalib*) 35, 83-86, 156, 166
Duwi, Sayyid al- 31, 163

Fairuz 7, 132
Fakhri, Sabah 101
Farid, Umar Ibn al- 87
Farran, Ibrahim al- 49, 53
Fashni, Taha al- 53, 170
fasl 78
Filmsong 125, 127, 129, 131, 135, 172
Flaubert, Gustave 64

gadid 99, 116
Gebetsruf (siehe auch *adhan*, *adhan shari*) 47, 48, 180
geel music 136
ghazal 34, 85, 88, 121
ghaziya (Pl.: *ghawazi*) 25, 64, 162
gins (Pl.: *agnas*) 145-147
Gubran, Marie 118

Haddad, Nagib al- 88
hadra 50, 51, 55
Hafiz, Abd al-Halim 127, 132, 133
Haggar, Ali al- 101
Hamdi, Baligh 9, 130, 132, 133
Hamuli, Abduh al- 47, 59, 61, 68, 70, 83, 86, 88, 93, 97, 104, 108, 115, 117, 124, 176
Harith, Ali al- 49
Hasan, Hifni Ahmad 36, 164, 169
Hasanayn, Amin 107, 108
Hayy, Salih Abd al- 78, 97, 105, 108-110, 112, 167
Helw, Muhammad al- 101
Heterophonie 23, 77, 90, 91, 119, 130
Hickmann, Hans 16, 18, 19, 175
Hifni, Mahmud Ahmad al-18, 97, 98, 177
Higazi, Salama 71, 72, 88, 90, 91, 94, 102, 113, 123, 124, 165, 171, 176
Hilal-Epen 15, 16, 29
Hilmi, Abd al-Hayy 90, 108, 171
Hinnawi, Mayyada al- 137
Husayn, Gabir Abu 31, 35
Husni, Dawud 84, 93, 114

Ibrahim, Hafiz 11

ibtihal (Pl.: *ibtihalat*) 49, 53
Imam, Sayyid 57
Improvisation 22, 31, 49, 73, 77, 80, 90, 91, 93, 100, 115, 128, 159, 160, 163, 166, 177
inshad, *inshad dini* 40, 48-55, 140, 170
Isfahani, Abu Farag al- 88
Ismail 33, 59, 60, 62, 63, 66, 68, 104
Ismail, Mustafa 47

Jazz 10

kamanga 76, 180
Kassar, Ali al- 113
khana (Pl.: *khanat*) 78, 79, 81, 162
Khulai, Kamil al- 62, 67, 72, 75, 89, 114, 177
Kongreß für arabische Musik (auch Kairoer Kongreß) 11, 13, 28, 35, 42, 51, 97, 98, 115, 145, 176
Kopten 40, 116
Koranrezitation 8, 15, 40, 42-44, 57, 93, 156, 170
kudya, kudyat al-zar 27-29

lahn (Pl.: *alhan*) 42, 161, 164
Langes Lied 126-135, 137, 168, 172
layali 82, 83, 91, 152, 156, 166, 167, 171
lazima (Pl.: *lawazim*) 57, 105, 115, 119, 129, 156, 162

Machfus, Nagib 106
maddah (Pl.: *maddahin*) 19, 20, 48, 55-58, 84, 105, 141, 157, 162
madhhabgi (Pl.: *madhhabgeyya*) 74, 91, 157, 162
maghna baladi 15
Mahdiyya, Munira al- 28, 106, 111-113, 124, 167
Mahmud, Ali 46, 48-50, 53, 165
Manyalawi, Yusuf al- 70, 88, 91, 94, 97, 166, 167, 171, 181
maqam (Pl.: *maqamat*) 40, 80, 81, 86, 90, 129, 145, 147, 148, 157, 162,
marbu 17, 163
Masreyya, Naima al- 108
mawlid (Pl.: *mawalid*) 19, 52, 55, 124, 162
Mawsili, Ishaq al- 73, 93
Mawsili, Uthman al- 61
mawwal (Pl.: *mawawil*) 32-36, 57, 62, 63, 82, 83, 91, 93, 136, 157, 162, 164, 166, 175
Minshawi, Muhammad Siddiq al- 47, 141
Misri, Ibn al-Nabih al- 70
Mitqal, Mitqal Qinawi 22
Mitqal, Shamandi Tawfiq 31
mizmar (Pl.: *mazamir*) 16, 21, 24, 35, 56, 157, 162, 168, 180
Monolog 114, 117-120, 123, 126, 127, 157, 168

Mrad, Nidaa Abou 138, 171, 176
muaddida 27
Mudallal, Sabri 101
Muezzin 47, 71, 123, 165
Muhammad, Abu al-Ila 86, 119, 123, 171
Muhammad, Malak 118
munawwaat 103
munshid (Pl.: *munshidin*) 48-56, 71, 107, 124, 158, 162, 176
muqri (Pl.: *muqriin*) 43-46, 162
Murad, Layla 126
Musikfilm 113, 126,
Musiktheater 61, 71, 90, 103, 113, 114, 123
Mutran, Khalil 47, 73, 88, 120
mutrib (Pl.: *mutribin*) 67, 74, 77, 78, 81, 86, 93, 95, 100, 107, 108, 119, 134, 141, 158, 162
muwashshah (Pl.: *muwashshahat*) 49, 61, 62, 80, 81, 100, 104, 114, 115, 121, 150, 152-154, 156-158, 160, 162, 166, 167

Nagat (siehe Nagat Ali)
Nahda 43, 59, 61, 66, 68, 69, 71-73, 76, 78, 79, 84, 85, 87, 88, 94, 99, 101, 103, 104, 117, 121, 122, 137, 141, 171, 177
naqrazan 56, 168
naqus 18, 41
Nasser, Gamal Abdel 9, 11, 90, 99, 123, 127
nay (Pl.: *nayat*) 20, 28, 56, 76, 158, 159, 162, 168
Nazmi, Layla 38
Nigm, Ahmad Fuad 134
nuba 78, 80
Nuwira, Abd al-Halim 99, 101, 167

Offenbach, Jacques 62
Operette 98, 102, 113, 114, 132
Ornamentierung 90, 91, 176

Pacha, Muhammad Ali 59, 62
Paganini, Niccolò 77
Panarabismus 9, 11
Pharaonismus 11, 17, 112
Popmusik 10

Qabbani, Abu Khalil al- 61
Qabbani, Ibrahim al- 84
Qadi, Yunus al- 107, 120
qadim 99
qafla (Pl.: *qafalat*) 46, 81, 92, 126, 158, 162
qanun 23, 75-77, 83, 86, 99, 129, 158, 159, 165-167, 180
qari 43
Qasabgi, Muhammad al- 118, 119, 125, 168

qasida (Pl.: *qasaid*) 49, 50, 53, 70, 71, 85-89, 93, 100, 107, 119, 123, 132, 140, 151, 158, 162, 165, 166
qithar 17

rabab (Pl.: *rababat*) 21, 22, 31, 76, 159, 162, 180, 181
rabab al-shair 21, 22
rababat al-mughanni 21, 22
Rahbani-Brüder 132
Rami, Ahmad 119-122, 125, 129, 130
Rashid, Harun al- 32
Rida Bey, Mustafa 76, 99
Rifat, Muhammad 46
Rihani, Nagib al- 113
riqq 23, 24, 28, 33, 35, 55, 77, 105, 129, 131, 150, 151, 159, 166-168, 180

Sachs, Curt 17
Safi, Wadi al- 7
Safti, Sayyid al- 166
sagat 18, 25, 28, 163
sahbagi (Pl.: *sahbagiyya*) 22, 62, 162, 163
Sahhab, Salim 101
Sahhab, Victor 138, 179
Sahlun, Ibrahim 76, 77
Salih, Ali 77
Samad, Abd al-Basit Abd al- 47, 164, 165
samai (Pl.: *samaiyyat*) 78, 79, 153, 160, 162, 166
sannida 74
Scott, Walter 71
shair (Pl.: *shuara*) 31, 162, 180
Shairi, Hamid al- 136, 168
Shakespeare, William 71
Shakiran, Hani 137
Shalfun, Iskandar 82, 89, 97, 116, 177, 178
Shashai, al- 47
Shawqi, Ahmad 83, 120, 125
Shawwa, Antun al- 61
Shawwa, Sami al- 61, 76, 77, 97, 166, 167
shaykh (Pl.: *shuyukh*) 33, 43, 50-52, 55, 56, 60, 63, 64, 69, 70, 71, 74, 94, 107, 113, 123, 124, 129, 159, 162, 164-167, 170, 171, 173
Shaykh Imam 134, 173
simsimiyya 22, 23, 159, 163, 164, 180
Sindiyuni, Farid al- 47
suffara 35, 164
Sufi 48-50, 53, 56, 69, 70, 74, 87, 158, 170
Sulayman, Muhriz 53
Sunbati, Riyad al- 9, 57, 129, 130

tagwid 44-46, 140, 175
tahmila 78, 79
takht 22, 61, 65, 67, 69, 70, 72, 74, 75, 77-79, 83, 87, 90, 91, 99-102, 104, 108, 113, 114, 116-119, 122-125, 131, 156, 158, 159, 168, 180

tanbura 17, 22, 23, 159, 163
taqsim (Pl.: *taqasim*) 22, 31, 80, 82, 91, 93, 129, 150, 152, 159, 160, 162, 163, 166, 167, 171
taqtuqa (Pl.: *taqatiq*) 23, 25, 38, 66, 102-110, 112, 113, 116-118, 120, 123, 125, 126, 134, 141, 156, 157, 160, 162, 167, 171
tar 24, 28, 181
tarab 80, 102, 141, 159, 160
tariqa 50
tartil 44, 45
taslim 79
Tawfiq, Ihab 137, 168
tawshih (Pl.: *tawashih*) 49, 53, 91, 124, 160, 162
teriyanto 41
tilawa 44, 46
Tschaikowsky, Peter 123
Tubar, Nasr al-Din 53
Tuhami, Yasin al- 55, 57, 165
Tuni al- 55
Tunisi, Bayram al- 128, 134
Tutanchamun 112

ud 46, 56, 74, 75, 97, 125, 129, 159, 160, 167, 168, 180, 181
ughniya 104, 122, 127, 161, 179
Ukasha 113
Umar, Muhammad 65
Umm Kulthum 7, 9, 11, 43, 57, 58, 99, 100, 104, 118-122, 124, 127, 129, 130, 132, 133, 135, 137, 141, 168, 171, 172, 178, 179, 181
Uthman, Muhammad 69, 84, 93, 114, 115, 117, 167

Verdi, Giuseppe 62, 123

Wahba, Emile 16, 163, 169, 175
wahda 49, 57, 81, 84, 85, 106, 118, 151, 156, 159
wahda we noss 25, 136, 152, 163, 164, 168,
Wahhab, Muhammad Abd al- 7, 9, 57, 99, 113, 118, 122, 123, 125, 130, 131, 138, 168, 171, 172, 180
Warda 133, 137, 172
wasla (Pl.: *waslat*) 56, 57, 63, 67, 70, 75, 78, 81, 85, 89, 95, 103, 122, 127, 150, 151, 160, 162

Zahir, Abd al-Azim 47
Ziryab 73
zummara 18, 21

Weitere Nahost- und Musikbücher im Palmyra Verlag

Mitri Raheb/Fred Strickert
Bethlehem 2000 – Eine Stadt zwischen den Zeiten
Fotos von Garo Nalbandian · Vorwort von Yassir Arafat
und Hans-Jürgen Wischnewski
160 Seiten · 130 Farbfotos · 4 Karten · 22,5 x 29 cm
Gebunden · Fadenheftung
DM 59,80 · ÖS 437,- · SFr 56,80 · ISBN 3-930378-18-3
Der Bildband ist auch in einer englischen Ausgabe erhältlich.

Mahmoud Darwisch
Palästina als Metapher – Gespräche über Literatur und Politik
Vorwort von Hassouna Mosbahi · Nachwort von Nathan Zach
Aus dem Französischen von Michael Schiffmann
Glossar · Register · 280 Seiten · 13,5 x 21 cm · Gebunden
DM 39,80 · ÖS 291,- · SFr 38,80 · ISBN 3-930378-16-7

Edward W. Said
Frieden in Nahost? Essays über Israel und Palästina
Vorwort von Felicia Langer
Aus dem Amerikanischen von Michael Schiffmann
Register · Karte · 280 Seiten · 13,5 x 21 cm · Broschur · Sonderpreis:
DM 19,80 · ÖS 145,- · SFr 19,80 · ISBN 3-930378-15-9

Amnon Kapeliuk
Rabin – Ein politischer Mord
Nationalismus und rechte Gewalt in Israel
Vorwort von Lea Rabin
Aus dem Französischen von Miriam Magall
Register · 240 Seiten · 13,5 x 21 cm · Broschur · Sonderpreis:
DM 19,80 · ÖS 145,- · SFr 19,80 · ISBN 3-930378-13-2

Danny Rubinstein
Yassir Arafat – Vom Guerillakämpfer zum Staatsmann
Aus dem Englischen von Torsten Waack
Zeittafel · Register · 208 Seiten · 13,5 x 21 cm
Gebunden · DM 34,- · ÖS 248,- · SFr 33,- · ISBN 3-930378-09-4

Uri Avnery/Azmi Bishara (Hg.)
Die Jerusalemfrage – Israelis und Palästinenser im Gespräch
Zeittafel · Karten · 320 Seiten · 13,5 x 21 cm · Broschur
DM 34,- · ÖS 248,- · SFr 33,- · ISBN 3-930378-07-8
Mit Beiträgen von Teddy Kollek, Hanan Ashrawi, Amos Oz, Faisal Husseini, Ehud Olmert, Albert Aghazarian, Shulamit Aloni, Nazmi al-Jubeh, Meron Benvenisti, Ikrima Sabri und Michel Sabbah.

Uri Avnery
Zwei Völker – Zwei Staaten
Gespräch über Israel und Palästina
Vorwort von Rudolf Augstein · 200 Seiten
19 Schwarzweißfotos · 13,5 x 21 cm · Broschur · Sonderpreis:
DM 19,80 · ÖS 145,- · SFr 19,80 · ISBN 3-930378-06-X

Ian Black/Benny Morris
Mossad · Shin Bet · Aman
Die Geschichte der israelischen Geheimdienste
Aus dem Englischen von Torsten Waack · Glossar
Register · 880 Seiten · 13,5 x 21 cm · Gebunden · Sonderpreis:
DM 29,80 · ÖS 218,- · SFr 29,80 · ISBN 3-930378-02-7

Yoel Cohen
Die Vanunu-Affäre – Israels geheimes Atompotential
Vorwort von Frank Barnaby
Aus dem Englischen von Josephine Hörl
Glossar · Register · 440 Seiten · 10 Schwarzweißfotos
13,5 x 21 cm · Gebunden · Sonderpreis: DM 24,- · ÖS 175,- · SFr 24,-
ISBN 3-930378-03-5

Ali H. Qleibo
Wenn die Berge verschwinden
Die Palästinenser im Schatten der israelischen Besatzung
Vorwort von Amos Oz
Aus dem Englischen von Arno Schmitt
280 Seiten · 13,5 x 21 cm · Gebunden · Sonderpreis:
DM 24,- · ÖS 175,- · SFr 24,- · ISBN 3-9802298-8-2

Gisela Dachs (Hg.)
Deutsche, Israelis und Palästinenser
Ein schwieriges Verhältnis
Vorwort von Joschka Fischer
296 Seiten · 13,5 x 21 cm · Broschur
DM 34,- · ÖS 248,- · SFr 33,- · ISBN 3-930378-25-6

Gernot Rotter
Allahs Plagiator – Die publizistischen Raubzüge des »Nahostexperten« Gerhard Konzelmann
180 Seiten · 13,5 x 21 cm · Broschur
DM 26,80 · ÖS 196,- · SFr 26,- · ISBN 3-9802298-4-X

Verena Klemm/Karin Hörner (Hg.)
Das Schwert des »Experten«
Peter Scholl-Latours verzerrtes Araber- und Islambild
Vorwort von Heinz Halm
290 Seiten · 13,5 x 21 cm · Broschur · Sonderpreis:
DM 19,80 · ÖS 145,- · SFr 19,80 · ISBN 3-9802298-6-6
Mit Beiträgen von Arnold Hottinger, Gernot Rotter, Petra Kappert, Sabine Kebir u.a.

Mohammed Arkoun
Der Islam – Annäherung an eine Religion
Vorwort von Gernot Rotter
Aus dem Französischen von Michael Schiffmann
Glossar · Register · 300 Seiten · 13,5 x 21 cm · Broschur
DM 34,- · ÖS 248,- · SFr 33,- · ISBN 3-930378-22-1

Georg Stein (Hg.)
Nachgedanken zum Golfkrieg
Vorwort von Robert Jungk
300 Seiten · 14 x 21 cm · Broschur

DM 29,80 · ÖS 218,- · SFr 29,80 · ISBN 3-9802298-2-3
Mit Beiträgen u.a. von Johan Galtung, Horst-Eberhard Richter, Margarete Mitscherlich und Bassam Tibi.

Georg Stein
Die Palästinenser – Unterdrückung und Widerstand eines entrechteten Volkes
Vorwort von Erich Fried · Begleittexte in Deutsch, Englisch, Französisch und Spanisch · Bildband mit 140 Farbfotos · 160 Seiten · 23 x 26,5 cm
Gebunden · Sonderpreis: DM 19,80 · ÖS 145,- · SFr 19,30
ISBN 3-7609-1065-3

Paul Williams
Like A Rolling Stone – Die Musik von Bob Dylan, 1960-1973
Aus dem Amerikanischen von Kathrin Razum
472 Seiten · 16 Schwarzweißfotos · 13,5 x 21 cm · Gebunden
DM 49,80 · ÖS 364,- · SFr 47,80 · ISBN 3-930378-01-9

Paul Williams
Forever Young – Die Musik von Bob Dylan, 1974-1986
Vorwort von Günter Amendt
Aus dem Amerikanischen von Kathrin Razum
520 Seiten · 16 Schwarzweißfotos · 13,5 x 21 cm · Gebunden
DM 54,- · ÖS 394,- · SFr 51,- · ISBN 3-930378-05-1

Georg Stein
Bob Dylan – Temples In Flames
Vorwort von Wolfgang Niedecken · Text von Martin Schäfer
96 Seiten · 70 Farb- und Schwarzweißfotos · 24 x 22 cm
Gebunden · Kunstdruckpapier · Sonderpreis:
DM 24,- · ÖS 175,- · SFr 24,- · ISBN 3-9802298-0-7

David Dalton/Mick Farren (Hg.)
The Rolling Stones – In eigenen Worten
Aus dem Englischen von Torsten Waack
260 Seiten · 22 Schwarzweißfotos · 13,5 x 21 cm · Gebunden
DM 34,- · ÖS 248,- · SFr 33,- · ISBN 3-930378-04-3

Miles (Hg.)
Frank Zappa – In eigenen Worten
Vorwort von Václav Havel
Aus dem Amerikanischen von Kathrin Razum
144 Seiten · 16 Schwarzweißfotos · 13,5 x 21 cm · Gebunden
DM 29,80 · ÖS 218,- · SFr 29,80 · ISBN 3-930378-08-6

Michael Heatley (Hg.)
Neil Young – In eigenen Worten
Aus dem Amerikanischen von Torsten Waack
146 Seiten · 16 Schwarzweißfotos · 13,5 x 21 cm · Gebunden
DM 29,80 · ÖS 218,- · SFr 29,80 · ISBN 3-930378-14-0

Miles (Hg.)
John Lennon – In eigenen Worten
Aus dem Englischen von Kathrin Razum
140 Seiten · 16 Schwarzweißfotos · 13,5 x 21 cm · Gebunden
DM 29,80 · ÖS 218,- · SFr 29,80 · ISBN 3-930378-10-8

John Duffy (Hg.)
Bruce Springsteen – In eigenen Worten
Vorwort von Wolfgang Niedecken
Aus dem Amerikanischen von Sylke Wintzer und Peter Dürr
152 Seiten · 16 Schwarzweißfotos · 13,5 x 21 cm · Gebunden
DM 29,80 · ÖS 218,- · SFr 29,80 · ISBN 3-930378-27-2

Pearce Marchbank/Mick Farren (Hg.)
Elvis Presley – In eigenen Worten
Vorwort von The King
Aus dem Amerikanischen von Ursula Damm
144 Seiten · 90 Schwarzweißfotos · 13,5 x 21 cm · Gebunden
DM 34,- · ÖS 248,- · SFr 33,- · ISBN 3-930378-32-9

Susan Black (Hg.)
Bono und U2 – In eigenen Worten
Aus dem Englischen von Ursula Damm
192 Seiten · 20 Schwarzweißfotos · 13,5 x 21 cm · Gebunden
DM 29,80 · ÖS 218,- · SFr 29,80 · ISBN 3-930378-33-7

Ian McCann (Hg.)
Bob Marley – In eigenen Worten
Vorwort von Max Herre
Aus dem Englischen von Ursula Damm
128 Seiten · 16 Schwarzweißfotos · 13,5 x 21 cm · Gebunden
DM 29,80 · ÖS 218,- · SFr 29,80 · ISBN 3-930378-29-9

Peter Hogan (Hg.)
R.E.M. – In eigenen Worten
Aus dem Amerikanischen von Sylke Wintzer
128 Seiten · 16 Schwarzweißfotos · 13,5 x 21 cm · Gebunden
DM 29,80 · ÖS 218,- · SFr 29,80 · ISBN 3-930378-17-5

Nick Wise (Hg.)
Nirvana · Kurt Cobain · Courtney Love – In eigenen Worten
Aus dem Amerikanischen von Kathrin Razum
140 Seiten · 16 Schwarzweißfotos · 13,5 x 21 cm · Gebunden
DM 29,80 · ÖS 218,- · SFr 29,80 · ISBN 3-930378-12-4

Jethro Tull Songbook
592 Seiten · 17 Schwarzweißfotos · 17 x 24 cm · Gebunden
3. Auflage · DM 59,80 · ÖS 437,- · SFr 56,80 · ISBN 3-9802298-5-8
Das Buch enthält die kompletten autorisierten Songtexte (englisch-deutsch); es ist auch in einer rein englischen Ausgabe erhältlich.

Nick Johnstone
Patti Smith – Die Biographie
Vorwort von Inga Rumpf
Aus dem Amerikanischen von Michael Schiffmann
296 Seiten · 31 Schwarzweißfotos · 13,5 x 21 cm · Gebunden
DM 49,80 · ÖS 364,- · SFr 47,80 · ISBN 3-930378-26-4

B.B. King mit David Ritz
Ein Leben mit dem Blues – Die Autobiographie
Vorwort von Udo Wolff
Aus dem Amerikanischen von Sylke Wintzer

380 Seiten · 17 Schwarzweißfotos · 13,5 x 21 cm · Gebunden
DM 49,80 · ÖS 364,- · SFr 47,80 · ISBN 3-930378-19-1

Johnny Cash mit Patrick Carr
Cash – Die Autobiographie
Vorwort von Kris Kristofferson
Aus dem Amerikanischen von Sylke Wintzer und Peter Dürr
390 Seiten · 19 Schwarzweißfotos · 13,5 x 21 cm · Gebunden
DM 49,80 · ÖS 364,- · SFr 47,80 · ISBN 3-930378-23-X

Bob Seymore
THE END – Der Tod von Jim Morrison
Aus dem Englischen von Kathrin Razum
166 Seiten · 16 Schwarzweißfotos · 13,5 x 21 cm · Gebunden
DM 29,80 · ÖS 218,- · SFr 29,80 · ISBN 3-9802298-7-4

Maya Roy
Buena Vista – Die Musik Kubas
Vorwort von Compay Segundo
Aus dem Französischen von Maximilien Vogel
Gratis-CD · Glossar · 256 Seiten
26 Farb- und Schwarzweißfotos · 13,5 x 21 cm · Gebunden
DM 39,80 · ÖS 291,- · SFr 38,80 · ISBN 3-930378-30-2

Jörg-Peter Klotz (Hg.)
Wolfgang Niedecken und BAP – In eigenen Worten
Vorwort von Dietmar Schönherr
240 Seiten · 23 Schwarzweißfotos · 13,5 x 21 cm · Gebunden
DM 34,- · ÖS 248,- · SFr 33,- · ISBN 3-930378-24-8

Arno Köster (Hg.)
Udo Lindenberg – In eigenen Worten
Vorwort von Nina Hagen und Fritz Rau
132 Seiten · 16 Schwarzweißfotos · 13,5 x 21 cm · Gebunden
DM 29,80 · ÖS 218,- · SFr 29,80 · ISBN 3-930378-20-5

Konstantin Wecker
Schon Schweigen ist Betrug – Die kompletten Liedtexte
Vorwort von Dieter Hildebrandt
414 Seiten · 18 Schwarzweißfotos · 13,5 x 21 cm · Gebunden
DM 49,80 · ÖS 364,- · SFr 47,80 · ISBN 3-930378-00-0